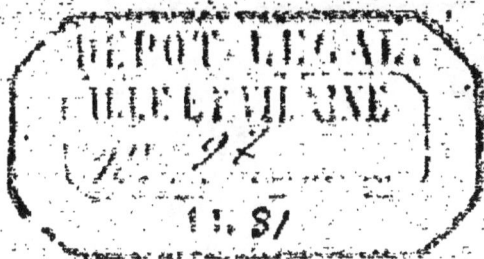

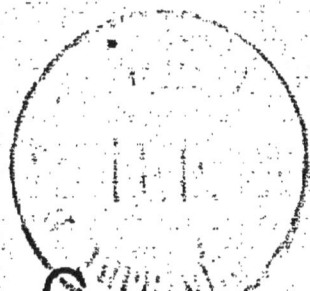

Guide du Casino

VUE DU CASINO DE DINARD

DINARD

ET SES ENVIRONS

GUIDE DU CASINO

CURIOSITÉS, PROMENADES, EXCURSIONS

ET

TOUS LES RENSEIGNEMENTS

À L'USAGE DES

BAIGNEURS & DES TOURISTES

MIS EN ORDRE PAR

L. LAGNEAU

Directeur du Casino

PRIX : 1 FR. ; RELIÉ, 1 FR. 50

IMP. OBERTHUR, RENNES—PARIS

1881

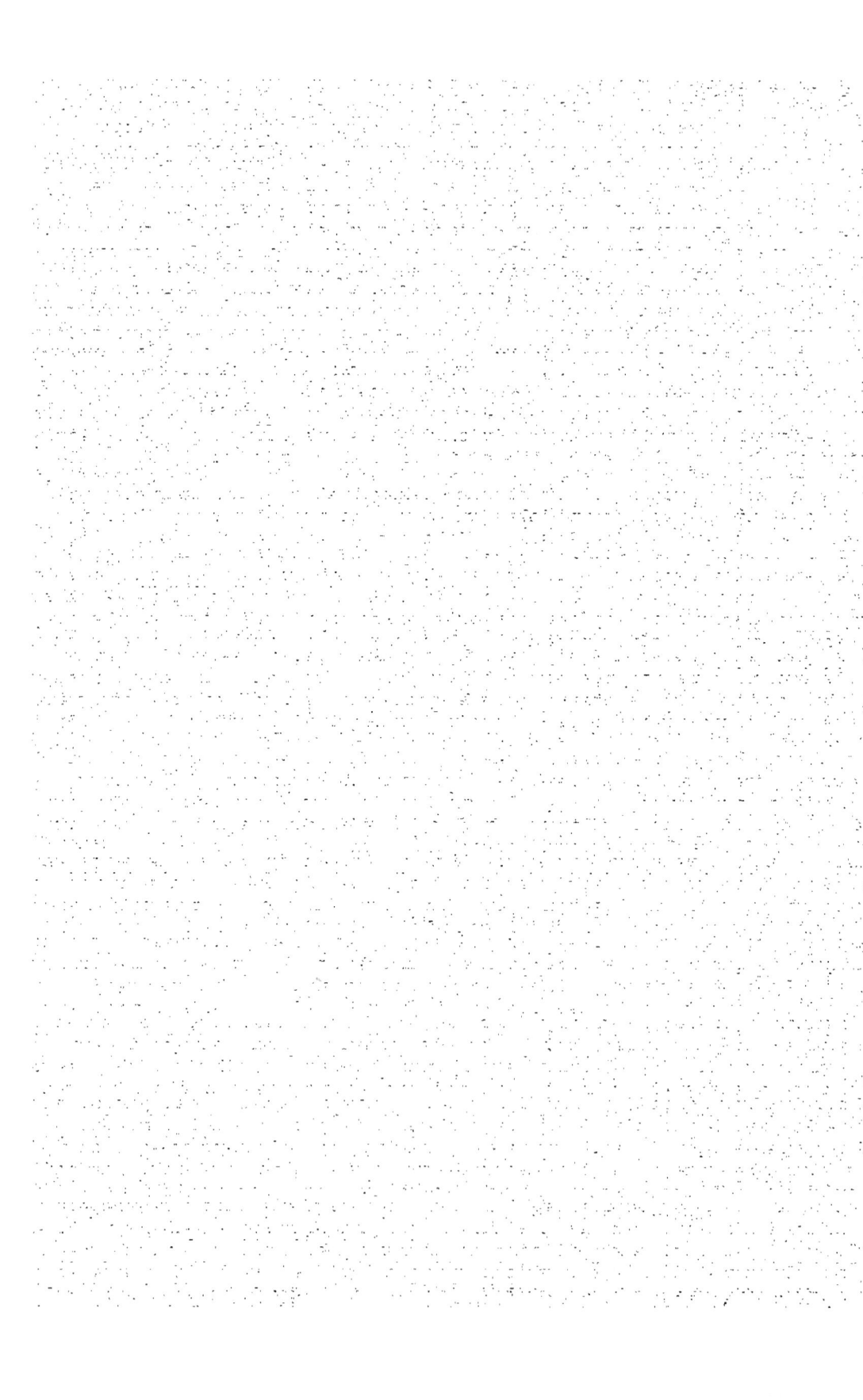

AU LECTEUR

~~~

Mon but en écrivant ce petit *Guide* est de donner aux baigneurs et aux touristes qui séjournent dans notre ravissante station balnéaire, toutes les facilités et les indications nécessaires pour que le temps s'y écoule trop vite. A part les bains et le Casino qui en font l'objet principal, et après avoir donné sur Dinard tous les renseignements utiles, je détaille sommairement toutes les curiosités qui nous environnent. Sans avoir l'intention de faire un cours d'histoire, j'essaye de remettre en mémoire les nombreux souvenirs historiques qu'on peut avoir oubliés. J'y ai ajouté une série de promenades et excursions ; mais, beaucoup mieux que moi, le *Guide Conty* a su déjà vous en donner l'itinéraire. D'ailleurs, pour tout ce que ce petit *Guide* ne saurait renfermer, je prie le lecteur de se reporter au *Guide* le plus intéressant et le plus complet qui existe, et que M. de Conty a su si bien rendre indispensable au voyageur.

Je ne sais pas, chers lecteurs et chères lectrices, si j'ai atteint le but que je me propose, mais vous me rendrez bien heureux si, ayant pu vous retenir à Dinard, je puis encore vous y ramener.

LAGNEAU.

PREMIÈRE PARTIE

—∽∾∽—

DINARD

SES BAINS & SON CASINO

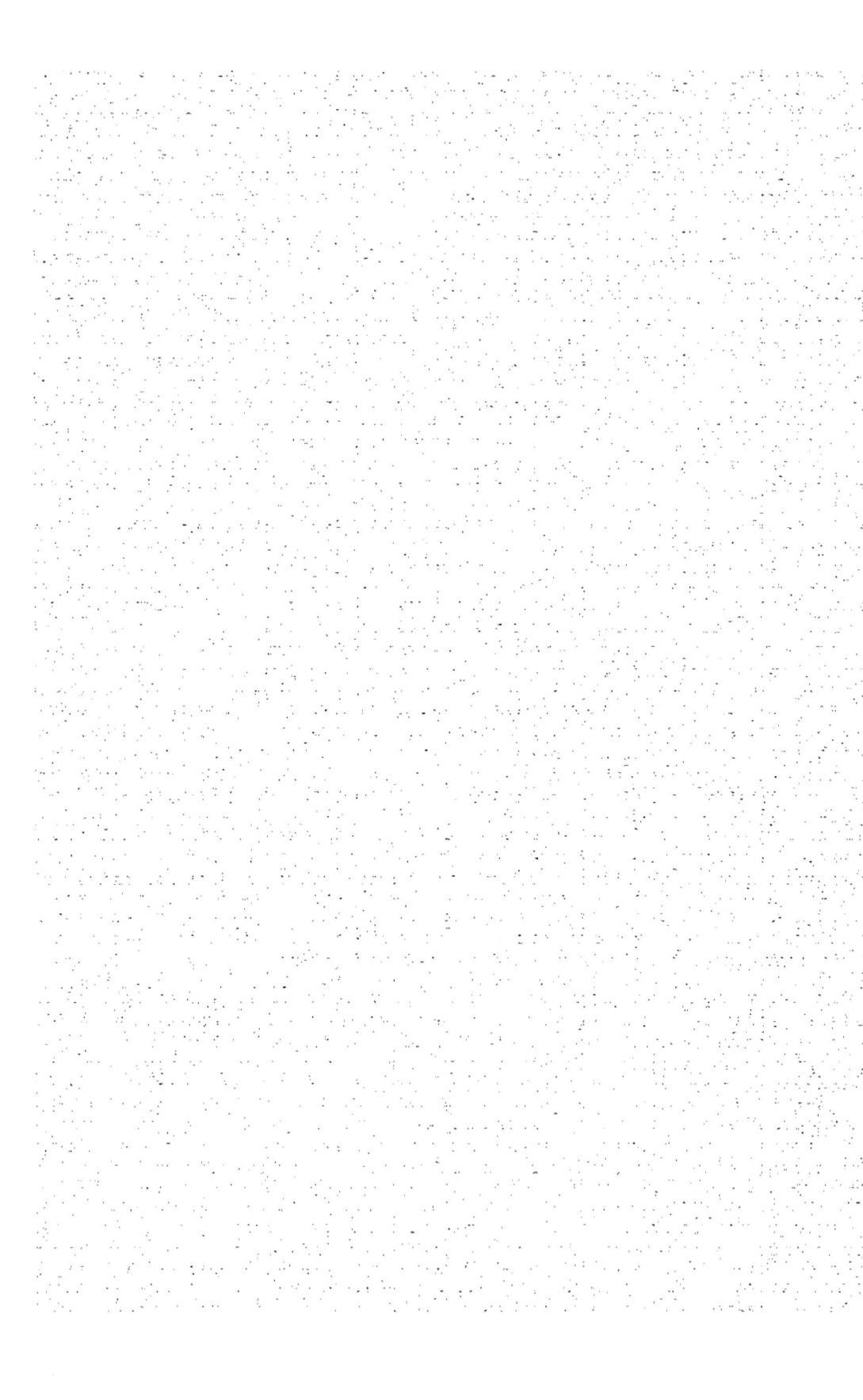

DES BAINS DE MER

L'usage des bains, non-seulement comme hygiène mais encore comme remède, remonte à la plus haute antiquité. Ce fut Pompée qui fonda les premiers établissements thermaux et pendant six cents ans les Romains employèrent les bains comme seul spécifique. Mais si les bains chauds sont efficaces en guérisons par leurs propriétés minérales, alcalines ou sulfureuses, les bains de mer, qui recèlent au sein de leurs ondes les plus précieux éléments de l'animalité terrestre, ne le sont pas moins. En effet, à l'aide des bains, le corps humain peut reprendre à la mer tout ce que l'âge, le travail, les veilles, les fatigues de l'esprit lui ont fait perdre ; il retrouve dans la mer la moelleuse consistance de son être ; ses os endommagés et déjetés y puisent le calcaire qui leur fait défaut, car la force vive des organes, si utile à la santé, est répandue à profusion dans l'iode de ses eaux, dans son varech, dans ses émanations salines. *Les bains de mer refont la vie* (Michelet). *Ils rendent les hommes plus forts et plus robustes* (Buffon). Mais ils ne sont vraiment profitables que là où l'eau se renouvelant sans cesse par le flux et reflux emporte toutes les saletés et détritus qui s'y déversent, lesquels au contraire, s'amoncellent et imprègnent d'émanations malsaines l'eau d'une mer stationnaire. D'où il résulte que les côtes de Dinard étant favorisées des plus hautes marées connues, ses bains doivent y être plus régénérateurs que partout ailleurs.

De plus, non-seulement Dinard est réputé pour ses bains, mais la saison d'hiver y est généralement fort douce et sans brouillards.

Au point de vue de la santé, c'est assurément une des meilleures stations balnéaires. Voyez plus loin le relevé du *Bulletin officiel* sur la température moyenne.

Cependant, pour aider à la puissante efficacité de ses bains, il faut observer les recommandations suivantes :

Recommandations aux Baigneurs

Les personnes faibles, les enfants, les femmes surtout, doivent déjeuner avant le bain et ne se baigner que deux heures après. Les personnes qui digèrent lentement, ou dont la faiblesse ou l'état maladif les obligeraient à prendre un léger repas, ne devront se baigner que quatre ou cinq heures après, ou dans l'après-midi.

Il faut que tout le corps, tête comprise, soit immergé en même temps ou à peu près. Il faut donc entrer spontanément, rapidement, se plonger ou s'accroupir. L'immersion lente et progressive peut quelquefois déterminer des accidents.

Le bain doit être court, 10 minutes au plus. Le retour du frisson est un avertissement certain d'une trop longue durée, lequel frisson se répétant peut conduire à la dépression nerveuse.

En sortant de l'eau, il faut entrer en courant dans sa tente, éviter le plus possible le contact de l'air, s'essuyer avec un linge rude, s'habiller promptement et faire une promenade d'une demi-heure pour favoriser la réaction.

Le bain de pied chaud ou le lit avec une couverture de laine peut également faciliter cette réaction.

CLIMAT

La station balnéaire de Dinard, je l'ai dit plus haut, est des plus réputées, mais elle est aussi des plus favorisées par sa température. Voici d'ailleurs la moyenne des quatorze années d'observations (1865 à 1878) faites par M. Henri Hercouët, capitaine du port de Saint-Malo et ex-lieutenant de vaisseau, qui chaque jour, je dirais presque chaque heure, dresse un bulletin météorologique pour l'Observatoire.

Il a eu la bonté de m'en extraire les notes suivantes, que je m'empresse de transcrire et qui vous renseigneront mieux que tout ce que je pourrais vous dire :

— 9 —

Température moyenne

Déduite des minima et maxima pour 14 années civiles [1]; moyenne................. 11°8 [2]

Été...... 14°86 | Hiver...... 7°50

Plus petit minima......... 10°8
Plus gr   maxima,....... 31°8

Hauteur d'eau tombée

Pour 14 années; moyenne par an...... 732m76

Été..... 339,19 | Hiver... 393,57

Humidité relative à midi

Pour 14 années; moyenne par an......... 738

Été......... 701 | Hiver...... 775

Moyenne du vent

Pour 365 jours des 14 années :

Du nord à l'est.................. 89 jours.
De l'est au sud .,............... 69 —
Du sud à l'ouest................. 107 —
De l'ouest au nord............... 100 —

TOTAL égal........ 365 jours.

(1) L'année civile commence le 1er janvier.
(2) 11°8 centig. = 53° Fahrenheit; 14°86 = 59°; 7°50 = 16°; 10°8 = 51°; 31°8 = 89°.

DINARD

—⁂—

Il y a près de douze cents ans Dinard n'existait pas, ou n'existait que de nom; peut-être y avait-il quelques cabanes de pêcheurs, mais c'était tout. Il n'était alors séparé de Saint-Malo et Saint-Servan (autrefois Aleth et le rocher d'Aaron) que par un petit ruisseau que l'on pouvait traverser à gué et qui se jetait dans la mer vers l'île Agot, environ à 3 kilomètres de Dinard. C'est à cette époque, en 709, qu'une épouvantable marée, un véritable cataclysme, a brutalement changé tout cela ; l'endroit qui est aujourd'hui Dinard s'est trouvé tout à coup séparé des deux villes par la mer, et le *petit ruisseau* de la Rance est devenu un fleuve navigable.

L'existence de Dinard ne commence réellement qu'en 1324, lors de la fondation d'un asile philanthropique et hospitalier bâti par Olivier et Geoffroy de Montfort, lesquels étaient revenus sains et saufs de la Terre-Sainte, où ils avaient été faits prisonniers par les Turcs. Délivrés par les Pères de la Rédemption, ils construisirent par reconnaissance la *Ministrerie* ou *Prieuré* qui fut depuis tenue par des religieux Trinitaires. C'est là que les pèlerins, les voyageurs, les malheureux, trouvaient un gîte, des secours et des vivres.

On voit encore au bord de la grève du Prieuré les restes en ruine de ce vieux couvent et le tombeau d'Olivier de Montfort.

L'aspect du pays était alors presque sauvage, et, en remontant seulement à trente ans au plus, il fallait, avant d'arriver à Dinard, escalader d'âpres rochers, glissants et dangereux, chargés de goëmons et d'herbes marines. Il y a quelques années encore, on n'y débarquait qu'au moyen de petits bateaux qui n'offraient pas toujours au touriste une sécurité nécessaire.

Aujourd'hui qu'une ère nouvelle a sonné pour Dinard, à peine si le passé

a laissé quelques traces derrière lui :
partout c'est une transformation spon-
tanée, presque féerique; d'une traversée
ennuyeuse, on a fait un passage de dix
minutes à peine, et des plus agréables
sur un magnifique steamer qui part de
Saint-Malo et de Saint-Servan toutes les
demi-heures. Il vous débarque à un joli
petit port dit *la Cale*, et dont le vieux
nom est *le Bec de la Vallée*. En touchant
le sol de Dinard, la vue est imposante :
à vos pieds, la mer; au loin Saint-Malo
et Saint-Servan; à vos côtés, des rochers
noirâtres, et au-dessus de vos têtes de
délicieuses villas bâties sur des rochers
à pic. L'ancien aspect sauvage se révèle
encore, mais au lieu d'herbes marines
et de goëmons, ce ne sont plus que
jardins suspendus où poussent en pleine

terre le Figuier, l'Aloès, la Citronnelle, les Camellias, le Myrte, le Jasmin et même le Palmier.

Parmi ces habitations, ces palais veux-je dire, qu'on admire en quittant *la Cale*, il faut citer : le *Castel Coppinger*, la *Villa Sainte-Catherine*, *Belle-Rive*, la *Villa-Napoli*, les *Villa-Beauregard*, *Dinardaise*, *de l'Écluse*, *Bric-à-Brac*, les *Deux-Rives*, la *Roche-Pendante*, la *Garde*, *Rochechouard*, *Malouine*, et tant d'autres. Puis on arrive à un boulevard nouvellement planté, le boulevard du Préfet ou *Féart*, qui vous conduit à la plage, une des plus belles des côtes de France. La *Grève de l'Écluse*, c'est ainsi qu'elle se nomme, est longée par un autre boulevard, qui, surélevé comme il l'est, la protége en l'encaissant. Elle est

abritée par des falaises qui la préservent
des vents; elle descend insensiblement
à la mer, semblable à un moelleux tapis
du sable le plus fin, sur lequel le baigneur peut avec sécurité se livrer aux
flots. C'est là surtout un puissant attrait
auquel on résiste difficilement.

Aussi cette merveilleuse plage est-elle
fréquentée par une société tout aristocratique, émaillée des plus grands noms
de France; des noms dont le souvenir
est encore vivant, et qui jadis illustrèrent
notre vieille noblesse.

Comme visiteurs, Dinard n'a aucune
ressemblance avec les autres stations
balnéaires du littoral; ce n'est pas l'existence mondaine et bruyante de Trouville,
Dieppe et autres bains de mer; non! c'est
une vie de famille douce et tranquille,

où l'on trouve, avec le repos, un bien-
être calme et réconfortant.

Un Casino charmant et coquet, bâti
sur la grève, offre à l'étranger tout
le confort désirable, des distractions
honnêtes, un passe-temps agréable et
des soirées charmantes. Mais l'une des
plus grandes attractions de Dinard est,
sans contredit, cette proximité exceptionnelle de ravissantes excursions qui,
sans aucune fatigue, procurent aux étrangers et aux touristes des distractions sans
nombre. Pas une promenade, quelque
courte qu'elle soit, qui n'offre son côté
intéressant et pittoresque, pas une où
l'on ne rencontre sur son chemin quelques
traces du passé. D'ailleurs, nous essayons
plus loin de tracer plusieurs itinéraires
qui, entre le déjeuner et le dîner, feront

certainement trouver au promeneur le
temps trop court; nous lui ferons faire
connaissance avec un coin de cette vieille
Bretagne qui a laissé dans notre histoire
de si puissants et de si nobles souvenirs.

Chose étonnante et qui montre à quel
point ce pays est favorisé, la température
y est toujours douce, même en hiver;
aussi de tous les coins du monde, de
nombreux hôtes viennent habiter ce ri-
vage et s'y construire des habitations,
dont le style varié ajoute encore à l'aspect
déjà si pittoresque du pays. Beaucoup
de familles anglaises y sont installées et
l'habitent même l'hiver. Enfin, le théâtre
du Casino y donne des représentations.

Depuis quelques années, Dinard grandit à vue d'œil, chaque saison voit de

3

nouvelles constructions, de nouvelles
villas, de nouveaux boulevards surgir du
sol comme par enchantement. Avant peu,
Dinard deviendra une ville, et surtout
une ville aristocratique. Sa population
s'élève déjà à elle seule (car elle faisait
partie de la commune de Saint-Énogat)
à près de 2,500 habitants, sans parler
des baigneurs de la saison. Le costume
des indigènes conserve encore un reste
du passé, et, comme au temps de Châ-
teaubriand, on admire sur la tête des
fraîches jeunes filles du pays, ces fameuses crêtes de dentelles dont l'effet
est si ravissant. D'ailleurs, nous ne pou-
vons mieux faire que de citer, à ce sujet,
les paroles mêmes de l'auteur du *Génie
du Christianisme* :

« Tous les matins, au printemps, ces

» filles du Nord descendant de leurs
» barques, comme si elles venaient en-
» vahir la contrée, apportent au marché
» des fruits dans des corbeilles, et des
» caillebottes dans des coquilles. Lors-
» qu'elles soutiennent d'une main sur
» leur tête, des vases remplis de lait ou
» de fleurs ; que les barbes de leurs
» cornettes blanches accompagnent leurs
» yeux bleus, leurs visages roses, leurs
» cheveux blonds emperlés de rosée ; les
» valkyries de l'Edda, dont le plus jeune
» est l'avenir, où les canéphores d'A-
» thènes, n'avaient rien d'aussi gra-
» cieux. »

Tout cela est bien changé, c'est vrai,
mais si le côté pittoresque y a perdu, le
côté confortable y a gagné. Ajoutons
qu'il est grandement question de refaire

les rues et d'éclairer au gaz, sans compter
que Dinard vient d'être décrété chef-lieu
de canton et qu'un chemin de fer de
Dinan à Dinard est en voie de construction.

Maintenant, cher Lecteur, je vais, si
vous le voulez, vous donner quelques renseignements pour faciliter votre séjour.
Je vous conduirai d'abord et tout naturellement au Casino.

CASINO

Le Casino, construit en 1877 par M. Leroyer, architecte de la ville de Saint-Servan, est situé sur la plage au nord de Dinard. Il fait face à la pleine mer, ayant à sa gauche l'île de Césambre ; en face, tout à fait perdue dans la brume, l'île de Jersey, et à sa droite Saint-Malo avec le tombeau de Chateaubriand.

Les proportions du Casino sont élégantes, gracieuses et légères, et font honneur à son architecte qui, en moins de six mois d'hiver, a doté Dinard de ce magnifique établissement. L'entrée principale est située sur le boulevard du Casino; on entre d'abord de plein pied dans un vaste vestibule octogone, sur lequel s'ouvrent tous les salons. A droite, la salle des fêtes et de bal, au fond de laquelle se dresse une ravissante petite scène de théâtre parfaitement agencée, et décorée par M. Chéret, un des décorateurs du nouvel Opéra. Une troupe artistique et un orchestre donnent chaque jour, pendant la saison, des représentations, des concerts et des bals. On y joue la comédie, l'opéra comique, l'opérette et le vaudeville. Le répertoire en est choisi avec le plus grand soin.

A gauche, dans le vestibule, se trouvent : le buffet ou café, avec terrasse sur la mer, salle de billards et salon de jeux.

Au fond du vestibule, trois sorties : celle du milieu donne sur un grand escalier qui descend à la grève ; les deux autres donnent accès de plein pied sur une terrasse dominant la mer. A côté de chacune de ces deux sorties, à l'intérieur, on pénètre dans deux petits salons réservés aux dames ; l'un de conversation et lecture, l'autre de musique, c'est dire qu'un piano y est mis à la disposition des Abonnées.

L'étage supérieur, au-dessus du vestibule, est occupé par un vaste salon de lecture avec terrasse tout autour. Au-dessous, à l'étage inférieur, sont disposés les bains chauds d'eau de mer et d'eau douce. Les cabines sont alimentées par d'immenses réservoirs emplis chaque jour. A la suite se trouvent : le lavoir ou blanchisserie, — la lingerie, — les vestiaires, — séchoirs, — la lampisterie, — les magasins, — un laboratoire de pâtissier glacier, — l'office, — la cuisine, — les écuries, etc.

N'oublions pas de dire que deux vitrines contenant livres et musique en vente, sont placées dans le vestibule.

Enfin, toutes les facilités sont données aux Abonnés pour qu'ils y trouvent des distractions suffisantes.

Une petite feuille hebdomadaire, *le Casino-Journal*, publie régulièrement la liste des étrangers.

Ce Casino a été bâti par une Compagnie

anonyme, avec Conseil d'administration et Conseil de surveillance.

Il y a un président, vice-président et un trésorier, plus un directeur choisi en dehors des actionnaires.

Les Statuts de la Société ont amené naturellement les Administrateurs à réglementer chaque partie de l'exploitation, afin que le ton de bonne compagnie ne cesse d'y régner.

ÉTABLISSEMENT DES BAINS

DU

CASINO DE DINARD

—◦⊷◦⊶◦—

RÈGLEMENT

Art. I. — Le Casino de Dinard est ouvert du 1er juillet au 1er octobre, tous les jours, depuis neuf heures du matin jusqu'à onze heures du soir, et jusqu'à minuit lorsqu'il y aura soirée dansante.

Art. II. — L'entrée du Casino et la libre circulation dans les salons ne sont

accordées qu'aux personnes abonnées.
Cependant, toute personne non abonnée
et ayant une tenue convenable pourra
entrer au Casino en payant :

Pour une journée............ 2ᶠ
Pour une journée, *y compris*
  la représentation théâtrale
  ou le concert............... 5ᶠ

Toutefois, cette personne étant consi-
dérée comme présentée, sans avoir satisfait à cet usage, l'Administration garde
toujours vis-à-vis d'elle son droit d'expulsion, en lui remboursant la somme
versée par elle.

ART. III. — Les abonnements sont
facultatifs pour deux mois (ou la saison),
un mois, quinze jours ou huit jours.

Il peut être fait des abonnements de famille.

ART. IV. — Toute personne demandant un abonnement devra donner ses nom, prénoms, qualité et demeure. La demande sera soumise par le Directeur à l'approbation du Conseil d'administration. En échange du prix d'abonnement, il sera remis une carte nominative en indiquant la durée.

ART. V. — Tout abonnement de famille pour quinze jours ou pour huit jours ne pourra jamais excéder cinq personnes, à moins d'une convention particulière.

ART. VI. — Les cartes d'abonnement sont personnelles et nominatives; elles sont signées par le titulaire et ne peuvent être ni prêtées, ni cédées, ni vendues.

S'il était fait usage d'une carte d'abonnement périmé, ou si toute autre personne que le titulaire en faisait usage, le porteur devrait payer à raison du prix indiqué au tarif; de plus, il s'exposerait à l'expulsion et la carte serait retirée au titulaire, sans qu'il pût exiger la restitution du prix d'abonnement.

Toute fraude dans ce genre serait l'objet d'un procès-verbal dressé par l'agent assermenté de la Compagnie, et la contravention poursuivie conformément au droit commun.

ART. VII. — Du 15 juillet au 15 septembre, il sera donné, *chaque soir*, soit une représentation théâtrale, soit une soirée dansante, soit un concert, soit même l'un et l'autre. Des concerts ou des bals d'enfants seront, à certains jours, donnés dans l'après-midi.

Art. VIII. — L'administration se réserve le droit exclusif, du 1er juillet au 1er octobre, de donner six représentations ou soirées extraordinaires. Ces représentations dites *à abonnements suspendus*, ne sont nullement comprises dans le prix des abonnements.

Toutefois, il pourra être fait une réduction en faveur des Abonnés.

Art. IX. — L'abonnement donne droit à l'entrée dans toutes les salles du Casino, salons de lecture, de conversation, de musique, de jeux, de billards, buvette, terrasse, etc., et d'assister à toutes les représentations théâtrales, concerts ou bals, sauf les cas exceptionnels mentionnés art. VIII.

L'abonnement donne en outre le droit d'occuper, *sans rétribution*, une chaise par personne dans toutes les dépendances extérieures du Casino.

Le préposé aux chaises a toujours le droit d'exiger la présentation de la carte d'abonnement.

ART. X. — Les personnes non abonnées ou abonnées pour moins d'un mois ne pourront assister aux soirées dansantes, si elles ne sont présentées par un Abonné d'un mois au moins et père de famille.

ART. XI. — Les personnes non abonnées qui désireront être admises au salon de jeu devront se faire présenter par deux Abonnés d'un mois au moins.

ART. XII. — Les jeux de cartes, seuls

admis, sont : le Whist, le Boston, l'Écarté, le Piquet, l'Impériale et le Bezigue.

ART. XIII. — Ont droit aux abonnements de famille le mari, la femme et leurs enfants non mariés, habitant la même maison.

ART. XIV. — Les entrées sont gratuites pour les enfants au-dessous de sept ans, dont les parents sont abonnés, et pour un domestique par famille, quand il accompagne ses maîtres ou les enfants de ses maîtres.

ART. XV. — Il est interdit d'amener des enfants au-dessous de sept ans aux représentations théâtrales.

ART. XVI. — Les enfants qui ne seront pas accompagnés par leurs parents ne devront pas stationner sur les galeries extérieures.

ART. XVII. — Les soirs de spectacle, toute personne, abonnée ou non, désirant une place réservée, devra payer cinquante centimes ; sinon, elle ne pourra s'en faire garder par qui que ce soit, et ne pourra exiger aucune place de l'Administration, s'il n'y en avait plus.

ART. XVIII. — Pendant les représentations théâtrales et les soirées dansantes, les domestiques ne pourront entrer dans les salons, ni stationner sur les galeries extérieures.

ART. XIX. — Il est expressément défendu de fumer dans l'intérieur du Casino, excepté dans la salle de billard et dans le salon de jeux.

ART. XX. — Des journaux politiques et littéraires seront mis à la disposition des Abonnés pour être lus dans le salon de lecture. Sous aucun prétexte, ils ne pourront être emportés au dehors.

ART. XXI. — Un piano est mis à la disposition des dames dans un salon spécial. Toute musique appartenant au Casino ne pourra être emportée. L'Administration se met à la disposition des Abonnés pour faire venir, à leur compte, toute musique ou tout livre qu'ils désireraient.

Les frais seront à leur charge, bien entendu.

ART. XXII. — Un buffet est installé dans l'intérieur même du Casino. Un tarif spécial et placé à l'entrée indique le prix des consommations.

On pourra, le matin seulement, s'y faire servir un déjeuner ou *lunch* froid sans avoir le droit d'exiger autre chose que ce que désignera la carte du jour.

ART. XXIII. — Il pourra être fait, pour l'arrière-saison, des abonnements *de fin de saison* à prix réduit. On devra faire sa demande à la direction, qui traitera s'il y a lieu.

ART. XXIV. — L'Administration du Casino appartient à un Conseil nommé par la Société fondatrice. Ce Conseil, qui a la direction absolue, est suppléé dans l'administration journalière et active par un Directeur qui le représente vis-à-vis des Abonnés et du Public, et qui est

chargé de transmettre aux Administrateurs toutes les demandes et réclamations
sur lesquelles ils sont appelés à statuer.
Le Directeur est chargé d'assurer la
complète exécution du Règlement. Les
pouvoirs les plus étendus lui sont donnés
pour prévenir ou faire cesser tout ce qui
serait contraire au bon ordre et à la bonne
tenue de l'Établissement.

Art. XXV. — Pour toutes réclamations ou observations, s'adresser au Directeur. D'ailleurs, un registre *ad hoc*
est mis à la disposition du Public au
contrôle du Casino et au bureau des
Bains.

BAINS DE MER

DE DINARD

———»·«———

RÈGLEMENT

Art. I. — Les Bains sur la grève de Dinard sont ouverts du 1er juin au 15 octobre, de six heures du matin à sept heures du soir.

Art. II. — On peut à volonté prendre des bains séparément ou contracter un abonnement de 10 bains.

Le bain par abonnement ou séparé

donne droit à une tente fermée sans linge ni costume.

Art. III. — L'administration tient à la disposition des Baigneurs tout linge et costumes nécessaires, au prix du Tarif.

Art. IV. — Plusieurs personnes ont le droit d'occuper ensemble une seule tente; cette déclaration doit être faite au bureau, en prenant ses cachets.

Art. V. — Lorsque deux enfants au-dessous de 8 ans seront dans la même tente que leurs parents, il ne sera dû qu'un billet pour eux deux. Il n'en sera pas dû pour un seul enfant au-dessous de huit ans.

Art. VI. — Il est expressément interdit aux employés de remettre des costumes, de laisser entrer dans les tentes, quand les personnes qui réclameront leurs services ne seront pas munies d'un cachet, que tous, abonnés ou non, devront chaque fois prendre au Bureau, et qui sera remis aux abonnés en échange de leur coupon d'abonnement.

Ce cachet devra être remis à l'employée chargée de la réception sur la grève.

ART. VII. — Il est également interdit, par *Ordonnance de Police*, de se baigner en maillot ou tricot collant. Le costume complet, gilet et pantalon, est de rigueur.

ART. VIII. — Deux canots seront toujours en mer et parés. Quand le temps sera beau, les canotiers pourront les quitter; mais ils devront rester sur la grève, pour être toujours à la disposition du surveillant.

ART. IX. — Quand la mer sera grosse, un seul canot sera monté par les deux canotiers.

ART. X. — Quand la mer sera dangereuse, un pavillon rouge sera hissé, sur lequel sera inscrite la lettre *D*, pour indiquer qu'on ne peut se baigner.

ART. XI. — Quand la mer sera trop basse, un pavillon bleu sera hissé, sur lequel sera inscrite la lettre *B*, pour indiquer qu'on ne peut se baigner.

ART. XII. — Deux bouées, sur lesquelles sera un pavillon rouge, marqueront la limite au delà de laquelle il est recommandé de ne pas se baigner, à cause d'un courant dangereux.

ART. XIII. — Quand un Baigneur sera au large, le canotier devra le suivre, tant qu'il ne dépassera pas les bouées ci-dessus mentionnées.

ART. XIV. — Il est expressément interdit à toute personne, abonnée ou non, de stationner auprès des tentes, quand elles seront occupées.

ART. XV. — Toute contravention au règlement ou toute conduite inconvenante serait réprimée par le Surveillant, qui, au besoin, dresserait procès-verbal.

ART. XVI. — Toute impolitesse de la part d'un employé sera sévèrement punie.

ART. XVII. — Les Guides-Baigneurs de l'Établissement se payent séparément. La rétribution qui leur est due est facultative ; cependant, elle ne peut être moins, et ils ne peuvent exiger plus que le prix porté au Tarif.

Il est interdit à tout autre employé de faire l'office de Guide-Baigneur.

ART. XVIII. — Pour toutes réclamations ou observations dans l'intérêt du service, on est prié de s'adresser au bureau des bains du Casino, où un registre *ad hoc* est à la disposition des Baigneurs.

NOTA. — Un kiosque contenant *Pâtisserie* et *Rafraîchissements* est mis sur la Plage à la disposition des Baigneurs.

SECOURS

AUX NOYÉS & ASPHYXIÉS

La Société des *Hospitaliers Sauveteurs Bretons* a pourvu à tous les besoins. On trouve au bureau de Bains tous les appareils de sauvetage nécessaires et boîte de pharmacie. L'instruction pour les premiers soins à donner est l'objet d'un tableau placé à l'entrée du bureau.

BAINS CHAUDS

EAU DE MER & EAU DOUCE

— ✕ —

RÈGLEMENT

Art. I. — Des cabines de bains chauds (Eau de mer pure et Eau douce) sont mises à la disposition du public, de 9 heures du matin à 5 heures du soir.

Art. II. — On peut à volonté, ou prendre des bains par cachets séparés, ou par abonnement de 10 cachets.

Art. III. — Les cachets et abonnements sont délivrés au même bureau que les Bains froids.

ART. IV. — Il est interdit de mettre quoi que ce soit dans son bain, sans en prévenir le Préposé aux Bains.

ART. V. — Toute espèce de bains sulfureux, barèges ou autres, susceptibles d'oxyder les baignoires, est interdit à moins d'en faire la déclaration en prenant son cachet de bain.

ART. VI. — La durée du bain ne peut excéder 1 heure 15 minutes, y compris la toilette. Passé ce temps, le bain sera compté double.

ART. VII. — Une sonnette d'appel est placée à la portée de la main, et l'employé ne peut entrer sans avoir été appelé préalablement.

Art. VIII. — Du linge chaud est mis
à la disposition des Baigneurs au prix du
Tarif. Cependant, chaque personne a le
droit d'apporter son linge et de le donner
à chauffer.

Art. IX. — L'employé est responsable
du linge et autres objets qui pourraient
lui être confiés.

Art. X. — Si dans son bain une personne veut en changer la température,
elle ne devra le faire qu'avec une extrême
prudence, et la Compagnie ni l'employé
ne sont responsables des accidents qui
pourraient en résulter.

Art. XI. — Toute détérioration par le
fait du baigneur, soit à la baignoire, en
se servant de substances prohibées, soit
à la cabine, demeure à sa charge. L'em-

ployé des bains est responsable vis-à-vis de l'Administration.

ART. XII. — Toute réclamation doit être adressée au Directeur; en outre, un registre *ad hoc* est placé au bureau des bains, à la disposition du public.

TARIF GÉNÉRAL

BAINS DE MER
PAR ABONNEMENT OU PRIS SÉPARÉMENT
(Sans linge ni costume)

ABONNEMENT DE 10 CACHETS

Une seule personne occupant une tente :	
Sans garde de costumes..........................	5f 50
Avec garde de costumes......................	6 50
Deux personnes occupant une seule tente :	
Sans garde de costumes...................	7 »
Avec garde de costumes	8 50

BAINS SANS ABONNEMENT

Une seule personne occupant une tente..........	» 60
Plusieurs personnes occup¹ une seule tente, par personne	» 40
Garde de costumes	» 10
Bain de pied pris en surplus	» 10

DOMESTIQUES D'ABONNÉS

Pour une tente...........................	»f 35
Pour costume sans linge...................	» 25

COSTUMES DE BAINS

Pour homme : caleçon, gilet, 1 serviette.....	» 40
Pour dame : robe, pantalon, 2 serviettes.........	» 50

LINGE POUR BAINS

1 serviette en plus.	»f 05	1 serre-tête.......	» 10
1 peignoir........	» 15	1 fond de bain....	» 20

GUIDES-BAIGNEURS
Rétribution facultative dont le minimum est de :

Pour immersion	» 25
Pour accompagner pendant 10 minutes.........	» 40
Pour leçons de natation	» 60

Ils ne peuvent exiger plus que le prix ci-dessus.

BAINS CHAUDS
EAU DE MER ET EAU DOUCE
(Sans linge)

Une personne, par abonnement de 10 cachets.....	10f »
Une personne sans abonnement.................	1 25
Un enfant........................	» 50
Bains de son...............................	1 75

LOCATION DES CHAISES
Pour toute Personne non abonnée au Casino

La location d'une chaise sur la grève sera payée *dix centimes.*

Il sera délivré aux personnes qui loueront des chaises un billet détaché d'un registre à souche, qui leur servira de reçu.

CASINO
ABONNEMENTS individuels et de famille donnant droit aux chaises à l'extérieur du Casino.

ABONNEMENTS	1 Personne	2 Personnes	3 Personnes	4 Personnes	CHAQUE Personne *en plus*
2 mois, ou la saison.	50f	85f	115f	140f	15f
Un mois............	30	55	75	90	12
Quinze jours	20	38	53	65	10
Huit jours	15	25	35	43	7

ENTRÉES

Un jour, Casino seul................... par personne	2f	»
Un jour, Casino et Théâtre ou Concert ou Bal —	5	»
Théâtre (une personne ayant son entrée du jour au Casino). —	3	»
Location (Droit de marquer sa place à l'avance)...... —	» 50	

CAFÉ-BUFFET
Le tarif du Buffet est affiché à l'entrée et à l'intérieur.

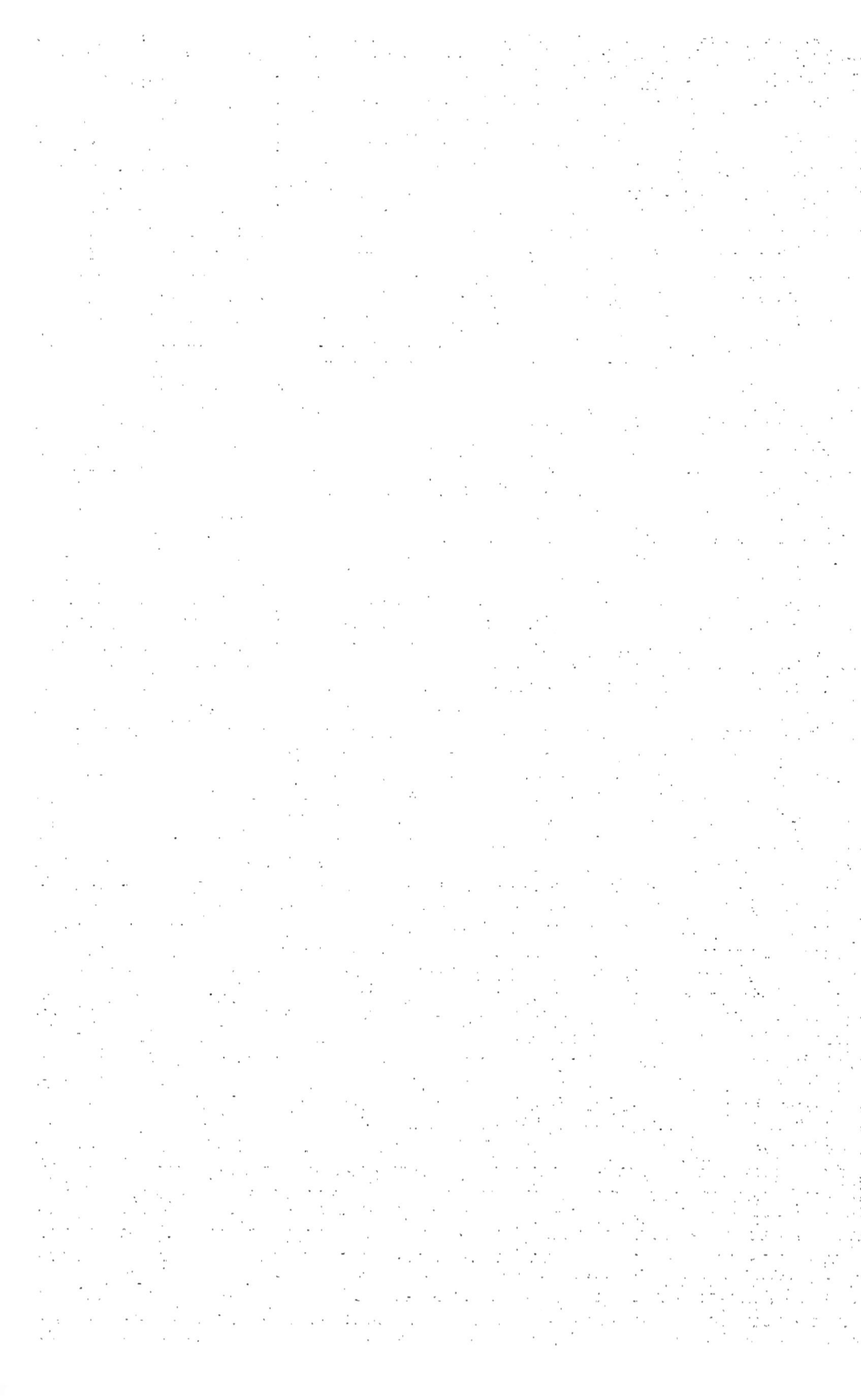

GRANDE ÉPICERIE COLONIALE
Rue de l'Avenir et du Casino

AMERICAN GROCER

CONFISERIE ET COMESTIBLES FINS
Grand Assortiment d'Épiceries anglaises
VINS & SPIRITUEUX
BIÈRES ANGLAISES
Gros et Détail

FOURNISSEUR DU CASINO

DINARD

MESLET

PÉDICURE

10, RUE DES CORDIERS, 10

(En face la Halle-au-Blé)

SAINT-MALO

Se rend à domicile et reçoit chez lui de 1 heure à 3 heures.

PATISSIER-GLACIER

AU CASINO

A DINARD

~~~~~

Pâtisserie de toutes sortes, Glaces de tous les goûts, Entremets et Fromages glacés. — Pièces montées.

~~~~~

KIOSQUE ROULANT

SUR LA PLAGE

Avec Pâtisseries, Vins fins et Liqueurs de toutes sortes.

CLUB NAUTIQUE
DE DINARD

RÉGATES ANNUELLES
Première quinzaine d'août

BATEAUX DE PLAISANCE
Tous pavillons admis

BATEAUX DE PLAISANCE
(COURSE INTERNATIONALE)
De 20 tonneaux et au-dessous

BATEAUX DE PLAISANCE
(CAT RIG)
Une seule voile admise

BATEAUX ARMÉS AU BORDAGE
20 pieds et au-dessous
18 pieds et au-dessous

YOLES DE TOUTES DIMENSIONS
Bordant 8 avirons au plus

PETITS CANOTS OU YOUYOUS
Montés par deux mousses au plus

DEUXIÈME PARTIE

CURIOSITÉS

HISTOIRE & ARCHÉOLOGIE

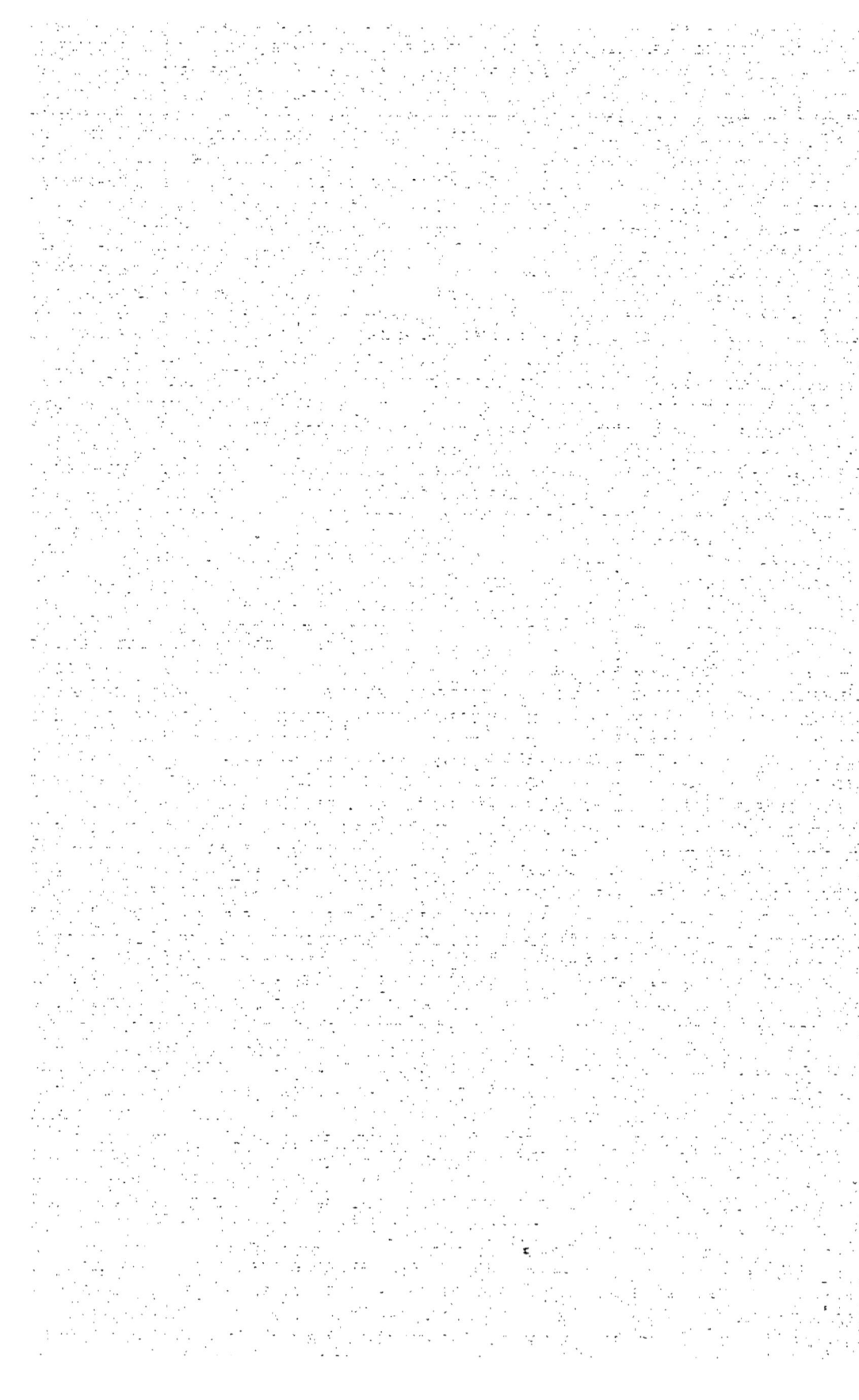

CURIOSITÉS

Aucun pays n'abonde en souvenirs historiques comme les environs de Dinard. Ce petit coin si pittoresque de la Bretagne renferme, dans un rayon relativement restreint, des éléments sans nombre pour le peintre; et pour le poète, des motifs de rêveries à l'infini; enfin, une quantité considérable de curiosités que le touriste, le baigneur et l'étranger ne manqueront pas de vouloir visiter.

Je les classe en suivant, un peu au hasard, me réservant d'indiquer plus loin plusieurs itinéraires de promenades et d'excursions dans lesquelles on les rencontrera.

Je commencerai naturellement par Saint-Malo. A tout seigneur tout honneur !

I — SAINT-MALO

Cette ville est bâtie sur une masse immense de rochers en granit et forme une presqu'île qu'une seule route, qui aboutit à la porte Saint-Vincent, relie au continent; il fut un temps non très-reculé où cette espèce d'isthme était, à marée haute, couvert par la mer. L'origine de Saint-Malo est très-ancienne, elle remonte à 538 alors que *Mac-Law*, jeune prêtre, fuyant l'Angleterre, vint s'y établir au milieu de quelques familles de pêcheurs. Il y trouva un vieux solitaire, qui fut depuis saint Aaron, lequel l'accueillit comme le promoteur d'une civilisation nouvelle; en effet, dès 595 on le voit bâtir une église et jeter les premières assises d'une ville à laquelle il donne son nom.

Ce ne fut qu'à partir de 1152 que Jean de Châtillon, évêque d'Aleth, transférant son siége épiscopal à Saint-Malo, commença la construction de la cathédrale, entoura la ville de murs et fonda les premiers éléments d'une administration gouvernementale. Mais c'est en 1372 que Duguesclin, à la suite de la conquête de Bretagne, s'en empara au nom de Charles VI. Peu de temps après, en 1378, les Anglais l'assiégèrent pour la soumettre à Jean IV, duc de Bretagne et furent repoussés. Cependant en 1384 elle se soumit et le duc Jean y établit son gouvernement. Plus tard, le 10 octobre 1887, elle fut reprise de nouveau au nom du roi, et après des hostilités réitérées, pendant lesquelles elle appartint tantôt au duc, tantôt au roi, elle fut définitivement conquise à la France en 1488. La bravoure des Malouins est proverbiale, aussi cette cité est-elle féconde en illustrations. Nous n'en citerons que quelques-unes, les plus éminentes.

II — CÉLÉBRITÉS

DUGUAY-TROUIN, commandant illustre des escadres de Louis XIV, vainqueur de Rio-Janeiro et de tant de combats, est né rue Jean-de-Châtillon, le 10 juin 1673. On visite encore la maison qui le vit naître. Sa statue est érigée au milieu d'un square charmant près de l'hôtel de ville.

PORCON DE LA BARBINAIS qui a donné son nom à une rue de la ville, est né à Saint-Malo, en 1639 ; il commandait une frégate de 36 canons. Ne voulant pas se parjurer il fut décapité à Alger en 1681. L'histoire conserve son souvenir héroïque sous le nom du *Régulus Malouin.*

FRANÇOIS BROUSSAIS qui, lui aussi, a donné son nom à la rue où il est né en 1772, le 17 décembre, fut célèbre par plusieurs traités et ouvrages de médecine, entre autres un *Cours de phrénologie* et un *Traité de l'irritation et de la folie.*

ROBERT SURCOUF, surnommé le roi des corsaires, est né dans la rue du même nom, le 12 décembre 1773. C'est lui qui, tant de fois pendant la Révolution et l'Empire, donna la chasse aux Anglais et préserva nos côtes.

JACQUES CARTIER, né le 31 décembre 1494. Émule de Christophe Colomb, il découvrit le Canada en 1534 et en prit possession au nom de François Ier, roi de France.

PIERRE BOURSAINT acquit la célébrité surtout
à cause de son grand cœur. Né dans le peuple
en 1781, il devint conseiller d'État et directeur
général de la marine. L'hôpital lui doit une
salle où douze matelots malouins, vieux et
pauvres, sont soignés et nourris à l'aide d'un
legs de 100,000 fr.

BERTRAND-FRANÇOIS DE LA BOURDONNAIS,
né en 1690, fut le type de l'honneur et de la
probité; il était gouverneur des îles de France
et Bourbon à 35 ans. Ce fut lui qui s'empara de
Madras le 21 septembre 1746. Cet intrépide
capitaine reçut, pour récompense des immenses
services rendus au roi... une lettre de cachet qui
l'enferma à la Bastille pendant deux années.
Il ne put résister à ce martyre, et lorsque enfin,
revenu sur cette cruelle injustice, on lui rendit
sa liberté, il avait en lui le germe d'une maladie
qui l'emportait, à l'âge de 53 ans, victime de la
bassesse et de l'envie.

ANDRÉ DÉSILES, officier au régiment du
roi à 23 ans, et chevalier de Saint-Louis, fut
surnommé le héros de Nancy. Victime du dé-

vouement, il fut tué en 1790 en s'élançant au-devant d'un canon pour empêcher l'effusion du sang de ses compatriotes. On peut visiter la maison où il est né en mars 1767, rue de l'Épine.

FRANÇOIS-RENÉ DE CHATEAUBRIAND, le penseur sublime, le chantre de *René* et d'*Atala*, l'auteur du *Génie du christianisme et des martyrs*, l'ambassadeur à Berlin et à Londres, le ministre des affaires étrangères sous la Restauration, l'illustre voyageur de Paris à Jérusalem, est né le 4 septembre 1768 dans une chambre de l'hôtel de France. Il mourut à Paris le 4 juillet 1848.

FÉLICITÉ-ROBERT DE LAMENNAIS. Ce sombre penseur naquit le 17 juin 1782. Il ne commença ses études au séminaire de Saint-Malo qu'à 20 ans, et à 33 ans il reçut les ordres. Il se rendit surtout célèbre par des doctrines publiées dans un journal religieux, l'*Avenir*, et qui furent condamnées par le pape. Il publia ensuite les *Paroles d'un croyant*, qui eurent un succès éclatant et furent traduites dans plusieurs langues. Il mourut en 1854.

Il reste encore beaucoup de noms à citer qui, pour être au second plan, n'en sont pas moins dignes de notre pieux souvenir. Malheureusement la place nous manque, et nous prions le lecteur de se reporter à l'*Histoire de Saint-Malo*.

III — LE CHATEAU DE SAINT-MALO

Ce château dont le donjon primitif fut bâti à la même époque que les murs de la ville, au XII siècle, fut augmenté en 1424, par Jean V. Plus tard, en 1455, François II fit bâtir la tour appelée *la Générale*. Mais il ne fut complété que par sa fille, Anne de Bretagne qui, en 1498, fit d'abord élever la tour de *Quic-en-groigne* et successivement le petit donjon, et deux autres tours, la *Tour-des-Dames* et la *Tour-des-Moulins*.

La duchesse fit graver sur la première tour cette inscription restée célèbre :

Quic-en-groigne : ainsi sera : c'est mon plaisir

répondant ainsi à des murmures séditieux du chapitre.

En 1501, la citadelle était achevée, alors qu'Anne de Bretagne, en épousant Louis XII, était devenue reine de France.

Plusieurs faits dramatiques lui ont acquis la célébrité. On peut le visiter en s'adressant à la place.

IV — LE FORT NATIONAL

Nommé anciennement l'Islet, ce fort est célèbre par le fait suivant qui s'y rattache. En 1693, les Anglais voulant se venger de l'audace des Malouins, résolurent de le détruire. A cet effet, ils se servirent d'un brûlot qui, détaché de la flotte fut dirigé sous ses murs ; grâce aux vents contraires il ne put les atteindre, et repoussé par la grosse mer, vint donner sur un rocher et s'y ouvrir. Les Anglais trompés par l'obscurité de la nuit, et croyant toucher le but, se hâtèrent d'y mettre le feu et s'enfuirent dans des barques; mais lorsque après une épouvantable explosion qui couvrit les remparts de débris enflammés, les Malouins furent revenus de l'effroi causé par cette commotion, ressentie à plusieurs licues, le brûlot avait disparu engloutissant les Anglais qui venaient de sauter et réveillant les Malouins qui n'eurent heureusement que quelques toitures endommagées. Un chat fut la seule victime tuée dans une gouttière à Saint-Malo. — On voit encore les débris de cette sinistre machine conservés au musée de la ville.

V — ANCIENNE CATHÉDRALE

Jean de Châtillon, dernier évêque d'Aleth, obtint du pape Eugène III de transférer son siége épiscopal à Saint-Malo, en 1152. Ce fut à cette date que commença la construction de la cathédrale, elle fut reprise à diverses époques, et ainsi que nous le montrent beaucoup d'exemples semblables, plusieurs styles nous y laissent leurs traditions. C'est ainsi que les arcades de la nef sont supportées par des piliers dont les chapiteaux sont du pur roman, tandis que le chœur, orné de colonnettes, d'arcades et de rosaces, d'une extrême élégance, est du XIVe ou XVe siècle.

Le portail ionique, fort beau, est du XVe siècle, et le bas côté de la nef de gauche est du style renaissance; il fut d'ailleurs exécuté d'après les plans de Poussin.

La tour fut construite en 1422, elle n'a pas moins de 70 mètres de hauteur.

L'intérieur est fort intéressant et possède quelques chefs-d'œuvre, parmi lesquels nous ferons remarquer particulièrement : au maître-autel, les statues en marbre blanc de la *Religion*, de *saint Benoist* et de *saint Maure;* et parmi les tableaux : *Jésus descendu de la croix,* œuvre de Santerre.

VI — L'HOTEL DE VILLE

Ce monument, construit sur l'emplacement de l'ancien évêché, en 1840, est d'une architecture fort simple, mais tout en granit. Il réunit sous le même toit : la *Bibliothèque publique,* qui contient 5,000 volumes; le *Musée,* qui renferme bon nombre de tableaux d'histoire et d'illustrations locales, de superbes collections d'objets relatifs à l'ethnologie, la conchyliologie et l'ornithologie, et plus de 2,000 numéros d'une superbe collection numismatique. Le tribunal de commerce est au rez-de-chaussée; au second étage la salle des fêtes, décorée des portraits des hommes célèbres qui ont illustré Saint-Malo.

Comme le musée, la bibliothèque est ouverte tous les jours, excepté le jeudi et le dimanche de 1 heure à 4 heures.

VII — LE PALAIS DE JUSTICE

Attenant à l'Hôtel de ville, comme lui bâtis en 1840, et faisant face à la place Duguay-Trouin, sont : la Sous-Préfecture, le Palais de justice et le Parquet. L'entrée ne manque pas d'une certaine majesté; elle est formée d'un péristyle couronné de quatre colonnes doriques.

VIII — LES REMPARTS

L'histoire fait remonter la construction des premiers remparts de Saint-Malo à 1152, sous

6

Jean de Châtillon, évêque ; mais, les remparts actuels, ceux que l'on admire chaque jour, ont été construits par Vauban, de 1708 à 1737. Bâtis sur une masse énorme de rochers, ils sont flanqués de tours, de bastions, sur lesquels on peut établir de nombreux canons.

IX — LE PORT

Le port de Saint-Malo, un des plus anciens ports commerçants de la côte de Bretagne, a toujours joui d'une grande renommée sur toutes les mers. Déjà au XIIIe siècle ses marins étaient cités parmi les plus intrépides. Depuis les croisades, pour lesquelles ils armèrent un grand nombre de navires, ils marquèrent glorieusement leur passage aux quatre coins du globe. En 1655, Louis XIV voulut que l'équipage du vaisseau amiral ne fût formé que de Malouins, dont la réputation de bravoure et d'intrépidité était universelle. Au XVIIIe siècle, les corsaires malouins inspiraient une véritable terreur aux ennemis de la France ; ils étaient au nombre de

85, armés de 2,110 canons et montés par près de 15,000 hommes ; ils capturèrent un nombre considérable de vaisseaux qu'ils firent entrer dans les ports de France. La marine malouine périclita à partir de 1793, date fatale pour elle et qui la ruina presque totalement. Après 1707, elle commença à se relever et sa prospérité grandit de plus en plus. En 1837, un *bassin à flot*, adopté par la Chambre des députés, fut commencé, mais la rivalité existant entre Saint-Malo et Saint-Servan jeta tant de bâtons dans les roues, que les travaux restèrent inachevés, après une dépense énorme de 10 millions ! Le Gouvernement actuel vient de prendre la chose entre ses mains, et il paraît décidé que des travaux, sur un nouveau plan, seront prochainement exécutés.

X — LE PONT ROULANT

On passe de Saint-Malo à Saint-Servan au moyen d'une plate-forme à la hauteur du quai, élevée sur une armature de fer et reposant sur des rails au fond de la mer. On la désigne sous le nom de Pont roulant. Rien de plus hardi que cette construction qui a valu à son auteur, M. Leroyer, architecte de la ville de Saint-Servan, la croix de la Légion d'honneur. La maquette au 10ᵉ figurait à l'Exposition universelle de 1878 et fut honorée d'une médaille.

XI — SAINT-SERVAN

C'est sur l'emplacement de la ville de Saint-Servan que s'élevait, il y a plus de 2,000 ans, la cité d'Aleth, ville alors fortifiée par les Gaulois.

Cinquante-six ans avant Jésus-Christ, Jules César s'en empara, et elle resta au pouvoir des Romains jusqu'en 410, époque à laquelle ses habitants parvinrent à chasser les étrangers. Du IXᵉ au XIIᵉ siècle, cette ville qui comptait de six à huit mille âmes, fut ruinée par les invasions multipliées des pirates du Nord. Elle tomba dans l'épuisement et s'effaça petit à petit. Il ne resta bientôt plus de la florissante Aleth qu'une petite chapelle dont on voit encore les restes vénérables au nord de la place Saint-Pierre. — En 1100, Saint-Servan était un petit village de cinquante feux voisin d'Aleth. Ce fut en 1321 que la paroisse Saint-Pierre-d'Aleth y fut réunie et qu'il commença à prendre de l'importance.

En 1694, la ville de Saint-Servan demanda à être réunie à Saint-Malo et en demeura le faubourg jusqu'en 1791, époque à laquelle, sur sa sollicitation, elle en fut séparée et à elle seule forma une commune distincte.

Depuis cette époque, son importance s'est tellement accrue, que sa population dépasse celle de Saint-Malo. Cette ville toute simple, bâtie au milieu des jardins, sur le bord de la mer n'offre, à part des sites pittoresques, que peu de curiosités à visiter.

XII — HOTEL DE VILLE

Un des plus beaux ornements de Saint-Servan est son Hôtel de ville, construction toute récente due aux architectes Lafosse et

Leroyer. L'architecture de cet édifice rappelle les châteaux du temps d'Henri IV.

XIII — ÉGLISE PAROISSIALE

Les majestueuses proportions de cet édifice et sa décoration le recommandent à l'attention des étrangers. Cette église, commencée en 1532, ne fut achevée que trois siècles plus tard. Elle mesure 200 pieds de long sur 70 de large. Son portique à colonnes se distingue par son architecture néo-grecque. La tour, tout en granit, est d'un aspect grandiose et ne mesure pas moins de 120 pieds de hauteur. L'intérieur est aussi très-intéressant et mérite la peine qu'on s'y arrête.

XIV — LE FORT

Le Fort de la Cité fut, comme les remparts, construit par Vauban de 1759 à 1761. On y établit de solides batteries destinées à défendre la rade et l'entrée des ports de Saint-Malo-Saint-Servan.

XV — LA TOUR SOLIDOR

La Tour Solidor date de 1382. Elle fut bâtie
par un duc de Bretagne, Jean IV, dit le *Con-
quérour*. Sa hauteur est de 18 mètres ; elle se
compose de trois tours réunies entre elles par un
carré intérieur, surmonté d'une plate-forme
garnie de mâchicoulis. Établie sur un rocher,
son effet est très-pittoresque et fort imposant ;
cette construction semble faite d'hier tant elle
est bien conservée, sa solidité à toute épreuve a
supporté durant des siècles les assauts des lames
et des vents, sans perdre une seule pierre de son
granit. A différentes époques, elle servit de
prison d'État. C'est au pied de la Tour Solidor
que les voyageurs prennent le bateau pour
passer à Dinard. A ce propos, nous dirons en
passant que la cale de Saint-Servan a un grand
avantage sur celle de Saint-Malo c'est qu'on
embarque à marée basse comme à marée haute,
tandis qu'à Saint-Malo il faut aller à pied au
Grand-Bey et quelquefois lorsque la mer est
trop basse au Petit-Bey.

XVI — LE GRAND-BEY

Ce rocher est ainsi nommé parce qu'autrefois, à mer basse, il fallait pour s'y rendre passer un gué, dont le vulgaire a fait par corruption d'abord vey, puis bey. De 1360 à 1661, chaque année, quand revenait la fête des Rogations, tout le clergé et les fidèles s'y rendaient en procession pour faire des prières à la chapelle de Saint-Ouein, fondée primitivement sous le patronage de Sainte-Marie-du-Laurier et desservie par des ermites. En 1555 une espèce de redoute y fut construite pour protéger les abords de la ville, et en 1689 les ermites l'abandonnèrent alors qu'on y établit de nouvelles fortifications. On voit encore aujourd'hui quelques restes en ruines de la chapelle et de ces constructions. On peut y aller à pied à mer basse.

XVII — LE TOMBEAU DE CHATEAUBRIAND

C'est sur le Grand-Bey que reposent les restes de l'auteur du *Génie du christianisme*. Le désir

d'y faire construire son tombeau remonte à
1828, ainsi que le constate une lettre adressée
par lui au maire de Saint-Malo, par laquelle il
demande qu'on veuille bien lui concéder un
petit coin de terre sur la pointe du rocher
dominant la pleine mer. Non-seulement la ville
accéda à sa demande, mais décida de construire
à ses frais la tombe de son illustre concitoyen.
Le tombeau fut érigé, et ce ne fut que vingt
ans plus tard que la dépouille mortelle, de l'im-
mortel écrivain, y fut déposée, le 19 juillet 1848.

XVIII — LE PETIT-BEY

C'est au Petit-Bey qu'à mer très-basse les
voyageurs pour Dinard prennent le bateau.
Ainsi qu'au Grand-Bey, il y avait autrefois une
chapelle dont l'invocation est restée inconnue.
Le Petit-Bey se nommait alors le Mont-d'Olivet;
aujourd'hui, il n'y a plus vestige de la chapelle,
c'est vrai, mais on y admire un fort solidement
construit et qui semble comme une sentinelle
avancée gardant l'entrée de Saint-Malo.

XIX — L'ILE DE CÉSAMBRE

Césambre ou Sézembre, en vue de Dinard, à environ 8 kilomètres, est une île dont le passé historique est assez curieux. On demeure surpris quand, en voyant de loin cette île toute verdoyante, on songe qu'il fut un temps, avant la marée de 709, où toute l'étendue comprise entre Saint-Malo, Dinard et Césambre, aujourd'hui couverte par la mer, était la terre ferme. Jusqu'en 1693, elle fut successivement habitée par des religieux de différents ordres, dont quelques-uns obtinrent une grande renommée. François de Gonzague rapporte, dans son *Histoire des couvents*, plusieurs légendes qu'on se redit encore dans la contrée. C'est à cette époque, le 27 novembre 1693, que les Anglais incendièrent le magnifique couvent construit sur Césambre et le ruinèrent de fond en comble. Les religieux échappèrent par la fuite et les Anglais n'y trouvèrent plus qu'un goutteux, un sourd et un fou qu'ils épargnèrent. Ce fut en 1696 que

Vauban y fit construire des fortifications; plus tard, en 1756, on y plaça une batterie d'artillerie. Aujourd'hui c'est à peine si le touriste y retrouve quelques vestiges de ses anciennes constructions. Tout a disparu pour faire place à la solitude qui n'est plus troublée que par les oiseaux de mer, et les visiteurs qui viennent y passer quelques instants et déjeuner dans la maison du garde; car il est bon d'ajouter, que le génie y a fait établir une poudrière et une batterie gardées par un sous-officier, chez lequel on trouve tout ce qui est nécessaire à un repas champêtre.

XX — LE FORT DE LA CONCHÉE

On ne saurait aller à Césambre sans visiter le Fort de la Conchée qui prend son nom de la forme de cette île, laquelle a l'air d'une conque. Ce fort, commencé en 1689, est un des chefs-d'œuvre de Vauban; il sut résister aux coups de l'ennemi qui l'attaquèrent plus d'une fois, et à la mer qui, dans les jours de tempête, malgré sa hauteur de 26 mètres, le couvre de ses vagues furieuses. Il a coûté plus d'un million !

XXI — L'ILE HARBOUR

Autrefois l'île Saint-Antoine fut souvent un lieu de refuge pour les vaisseaux anglais qui lui donnèrent son nom de Harbour, qui signifie *havre;* mais, en 1669, Vauban y fit construire de puissantes fortifications. C'est autour de ces îles que les pêcheurs trouvent le lançon, un des poissons les plus délicats de la côte. Cette pêche est un plaisir très-goûté des amateurs et des baigneurs.

XXII — LA GOULE AUX FÉES

Tout près de Dinard, à Saint-Énogat, se trouve une vaste caverne souterraine qu'on nomme la Goule aux fées, et que les lames ont creusée dans la falaise. Elle tire son nom de la légende qui s'y rattache :

« Par une nuit de tempête épouvantable, un pauvre pêcheur, dont la barque à moitié brisée était jetée de rochers en rochers, vit tout à coup, à la lueur d'un éclair, comme une forme humaine, mais blanche et vaporeuse, se dresser au seuil d'une ouverture que la foudre venait de pratiquer dans la falaise ; et presque aussitôt sa barque, entraînée par une force surnaturelle, se précipita dans ce gouffre béant, qui semblait une gueule immense. La lame venant s'y engouffrer à son tour, la fit disparaître à tout jamais. Mais chose étrange, on raconte que le lendemain le pêcheur fut retrouvé endormi au fond d'une jolie barque toute neuve et pleine de poissons, amarrée à quelques brasses de cette grotte que, depuis, l'on crut longtemps habitée par des fées. »

Placée sous la propriété de M. Hebert, on peut y descendre au moyen d'un escalier taillé dans le roc, mais malheur au touriste qui s'y laissera surprendre par une marée montante, il n'en sortira plus que roulé par les vagues et brisé contre les rochers. Rien n'est plus superbe à contempler du haut de la falaise que l'entrée de cette grotte les jours de grande marée ; aucun spectacle n'est plus merveilleux ni plus imposant, alors que les vagues qui s'y engouffrent avec furie, viennent lutter l'une avec l'autre et finissent par se perdre dans les airs à une hauteur prodigieuse. On y va à pied en quinze minutes.

XXIII — CHATEAU DE LA BRILLANTAIS

Sur les bords de la Rance, tout près de Saint-Servan, au milieu de falaises battues par les flots, s'élève un vieux château fraîchement restauré, c'est le domaine de la Brillantais, une des plus belles propriétés de la Bretagne. Sa situation exceptionnelle en fait un séjour délicieux, habité par Mme Brunet-Sully, fille de M. Larsonnier.

On peut le visiter le lundi et se promener dans les merveilleuses allées qui descendent jusqu'à la Rance.

XXIV — ÉGLISE DE SAINT-BRIAC

Cette église, restaurée depuis quelques années seulement, fut construite au XVIᵉ siècle avec le produit accumulé de la vente du maquereau. Ce qui rend cette église remarquable surtout, ce sont les sculptures qui, en souvenir de son origine, retracent sur les murs, dans les bénitiers, aux chapitaux, partout, des maquereaux en sautoir. Son petit clocher surtout est fort original.

XXV — CHATEAU DU GUILDO

A 20 kilomètres de Dinard, se trouve un vieux château-fort, tout ruiné, aux tours déchiquetées et dont les murailles sombres et grisâtres, sont enveloppées de lierre comme d'un lugubre linceul. Ces tours, ces murs encore crénelés, ces mâchicoulis, ce squelette du passé, cette sinistre carcasse féodale, c'est là tout ce qui reste du château du Guildo, bâti à la fin du XIVᵉ siècle. Son sort fut celui de la plupart de ceux des

siècles passés, plein de cruels et tristes souvenirs. Après des luttes furieuses et sanglantes,
cette forteresse fut démantelée par ordre de
Louis XIII, mais elle fut encore habitée fort
longtemps.

Le Guildo servit de retraite à Gilles de
Bretagne, frère du duc François Ier.

C'est là que, convaincu à tort de trahison,
il fut arrêté et conduit au château de Dinan,
en 1446. On le transféra ensuite à la Hardouinaye, où il fut empoisonné, puis étouffé
entre deux matelas, en vertu d'une condam-
nation à mort ratifiée par son frère. Ce dernier
d'ailleurs ne survécut que peu de temps à son
crime, car le moine qui avait reçu la confession
de Gilles le convoqua, au nom du supplicié,
pour comparaître quarante jours après, à pa-
reille heure, au tribunal de Dieu.

Chose étrange ; par une coïncidence bizarre
et frappé de cette prédiction, François mourut
à l'expiration de ce délai fatal !

Non loin du Guildo, sur les grèves de Saint-
Cast, existe une colonne mémorative en souvenir

du fameux combat où Marlborough fut vaincu
par la milice du pays, spontanément levée par
la noblesse.

XXVI — MANOIR DU VAL

En face et tout près des ruines du Guildo,
s'élève un ravissant manoir aux murs de granit,
au large perron, aux tourelles élancées, aux
pelouses vertes et fleuries, c'est le val de l'Arguenon. Dans ce délicieux séjour, l'écrivain
catholique, l'auteur des *Larmes de Magdeleine*,
le poète des *Deuils de l'âme et des Tristesses du
cœur*, Hippolyte de la Morvonnais, passa sa
vie et s'éteignit en 1853. A droite du château
est une vieille chapelle gothique qui servait
d'oratoire au poète breton.

XXVII — LE CHATEAU DE LA HUNAUDAYE

A 8 kilomètres de Lamballe, se trouve une
vieille forteresse assez bien conservée qui était
au XIIIᵉ siècle, le chef-lieu féodal des seigneurs

7

de la Hunaudaye. Flanqué de cinq grosses tours rondes, ce pentagone fut bâti vers l'an 1220 par Olivier de Tournemine, et pendant plusieurs siècles, il ne cessa d'appartenir à cette noble famille issue par les hommes, des anciens rois d'Angleterre, et tenant par les femmes à la maison ducale de Bretagne. Les tours de cet antique château-fort et ses hautes murailles en pierres de taille sont surmontées d'un parapet saillant, garni de mâchicoulis dont les arceaux en ogive sont ornés de découpures gothiques très-délicates. Les tours sont à plates-formes et elles étaient surmontées de tourelles qui, aujourd'hui, sont presque entièrement démolies. Pendant les guerres de la Ligue, cette place forte était occupée par une garnison royaliste de 200 hommes, et des combats fréquents avaient lieu entre elle et la garnison de Lamballe qui se battait contre le roi.

On voit dans l'histoire plusieurs Tournemine illustrant leurs armes et se plaçant au premier rang parmi les chevaliers célèbres. Un seul, en 1386, fut condamné à la dégradation de ses titres pour avoir assassiné Jean de Beaumanoir. Un combat, de ceux qu'on appelait *jugement de Dieu*, eut lieu à Nantes entre Robert de Beaumanoir et Pierre de Tournemine, lequel accusait Robert du meurtre de son frère. L'épreuve fut favorable à Robert, et Tournemine vaincu, avoua son crime.

Au moment de la Révolution, en 1789, ce château appartenait au comte de Rieux. On prétend qu'il existait une communication souterraine entre ce château et celui du Guildo.

XXVIII — LE CHATEAU DE MONTAFILANT

Les ruines de cet antique manoir, qu'on voit encore aujourd'hui tout près de Corseult, étaient au XIIe siècle, lors de sa construction, la résidence de Rolland de Dinan, branche cadette de la maison de Dinan. Sa forme était celle d'un parallélogramme régulier avec tours dans les angles. Il n'en reste plus que quelques pans de muraille et les restes de deux vieilles tours. Il a fait partie des biens dont hérita, en 1446,

Françoise de Dinan, épouse de Gilles de Bretagne, arrêté au Guildo et tué à la Hardouinaye, en vertu d'un jugement inique ratifié par son frère, le duc François Ier.

On voit encore dans un angle au rez-de-chaussée d'une tour comme une toute petite chapelle dont les murs intérieurs et la voûte sont assez conservés; ce devait être le tombeau des Montafilant. On voit aussi dans l'épaisseur du mur de l'une des tours un escalier qui a encore toutes ses marches. Il y a une chose assez curieuse, c'est un puits qui, lorsqu'on y jette une pierre, produit comme un immense bruit de tonnerre et de cloches, lequel bruit se prolonge pendant près de trois minutes. Les paysans qui ont construit leur habitation près des ruines l'ont surnommé pour cette raison le *puits qui sonne*.

XXIX — LA FOSSE-HINGANT

A 1 kilomètre de Saint-Coulomb, sur la route de Cancale, se trouve la charmante villa de la

Fosse-Hingant, une ancienne propriété qui appartenait autrefois à la famille du héros André Désiles.

C'est là que, pendant la Révolution, fut organisé le fameux complot de la Rouerie. Les pièces de ce complot furent retrouvées dans le jardin, et l'on a planté un rosier sur l'emplacement où elles étaient enfouies. Chacun connaît l'issue du complot, dont plusieurs membres moururent sur l'échafaud.

XXX — RUINES DU GUARPLIC

Aujourd'hui fort Duguesclin. Fut bâti par Bertrand le Jeune en 1161. Il fut longtemps le repaire d'une troupe de bandits qui portaient le pillage et l'incendie dans toute la contrée, et qui ne purent être expulsés que par une armée entière. Les différents siéges qu'il eut à supporter le ruinèrent de fond en comble, et Bertrand III qui l'habitait dut l'abandonner vers 1260. C'est sur la commune de Saint-Coulomb, près de Cancale, qu'on voit encore les restes déchiquetés de cette forteresse, derniers débris de l'architecture militaire du moyen âge.

XXXI — RUINES DU PLESSIS-BERTRAND

Non loin du Guarplic s'élève, triste, isolée, à demi effondrée, une tour en ruines, tristes restes du vieux château-fort du Plessis-Bertrand. Bâti au XIIIe siècle par le sire Bertrand du Gleaquin (Duguesclin), ancêtre du grand connétable, son histoire est celle de toutes les vieilles forteresses. Il prit part aux guerres de religion, servit de redoute à la Ligue, puis de repaire à des bandits, eut à subir différents siéges, et enfin fut démantelé et ruiné en 1598 par ordre des États de Bretagne, après la mort du capitaine royaliste La Tremblaye, tué sous ses murs. Cette place était alors fortifiée par dix tours et entourée de larges fossés remplis d'eau. Aujourd'hui, il n'en reste plus que des débris informes, enveloppés de lierre comme pour attester que tout son passé sanguinaire est bien mort.

XXXII — CANCALE

La ville de Cancale n'offre de curieux par elle-même, que ses pêcheries d'huîtres et son port de *la Houle* qui réunit au bord de la mer plus de huit cents familles de pêcheurs. Les seules choses vraiment intéressantes sont les quatre roches de Tommens, le rocher de Cancale et l'île des Rimains qui sont les derniers débris d'un territoire dont l'Océan s'empara lors de l'effrayante marée et du cataclysme de 709.

On voit, sur l'écueil aride des Rimains, un fort construit par Vauban.

Cette ville fut souvent attaquée par les Anglais et conserve, dans un mur du presbytère, un boulet encadré d'une inscription sur cuivre qu'on peut lire encore aujourd'hui. Le boulet porte la date du 13 mai 1779.

XXXIII — DINAN

Cette vieille cité bretonne, habitée autrefois par Duguesclin, a conservé toute sa physionomie du passé. C'est à peine si le temps et le progrès ont marqué leur passage sur ses vieilles tours crénelées, sur ses vieux remparts, sur ses clochers gothiques, sur tout cet ensemble à l'aspect antique et féodal. Des rues étroites, des maisons à piliers, des tourelles, des pignons surplombants, des sculptures partout et qui rappellent le XIVᵉ siècle, voilà Dinan. Cette ville, environnée d'une campagne délicieuse, toute semée de bosquets embaumés et de villas fraîches et élégantes, s'élève à 80 mètres au-dessus du niveau de la mer, sur un mamelon aride baigné par la Rance. Elle fut fondée au IXᵉ siècle par Nominoé, roi de Bretagne.

Son donjon, dont les deux tours énormes s'élèvent à plus de 100 pieds du plateau sur lequel elles sont construites, a été bâti vers la fin du XIVᵉ siècle. Comme la Tour Solidor de Saint-Servan, il rappelle le style et l'architecture militaire du moyen âge ; comme elle aussi, le temps ne lui a porté aucune atteinte et le granit de ses murs est encore intact. Il se relie aux remparts par une courtine étroite et crénelée

aboutissant à la tour Coëtquen. Ces remparts,
aujourd'hui démantelés, sont flanqués de douze
tours et percés de quatre portes défendues elles-
mêmes par deux autres grosses tours. L'aspect
général de ces sombres fortifications et de cette
ville antique, bâtie en amphithéâtre au milieu
de cette riante campagne, impressionne vive-
ment le voyageur et le fait malgré lui songer au
passé parfois si terrible et souvent si poétique.

Cette ville, à part ses fortifications et son remarquable cachet d'antiquité, n'offre que peu de
choses à visiter. Cependant, je ne saurais passer
sous silence les chefs-d'œuvre de sculpture qui
caractérisent les deux églises paroissiales de
Dinan : *Saint-Sauveur* et *Saint-Malo*. On retrouve là toute la splendeur de style du moyen
âge : les ciselures gothiques, les dentelles de
pierre, toutes ces richesses immenses, qu'on ne
peut se lasser de contempler, font de Saint-
Sauveur surtout, une curiosité remarquable.

C'est dans cette église que depuis le 9 juillet
1810 le cœur du connétable et celui de sa ver-
tueuse compagne Tiphaine Raguenel ont été dé-

posés. Ils étaient précédemment enfermés dans leur tombeau, au couvent des Jacobins, détruit lors de la Révolution. Sur les débris de ce vieux cloître, s'élèvent aujourd'hui la halle et la salle de spectacle.

On voit sur la place Duguesclin, la statue du grand capitaine, érigée en 1823. C'est sur cette place, appelée autrefois *le Champ*, qu'eut lieu, en 1359, le célèbre combat singulier où le connétable, vainqueur du chevalier anglais Thomas de Cantorbury, lui fit grâce de la vie.

On peut voir aussi sur une des magnifiques promenades qui longent les fortifications, un buste en marbre blanc surmontant une colonne de granit, c'est celui de l'académicien Duclos; il fut inauguré en 1838.

Je signalerai également comme construction remarquable, mais alors moderne, le magnifique viaduc jeté sur la Rance à l'endroit où s'arrête le bateau à vapeur. Il fut construit en 1846 par M. Zepard, sur le plan de M. Mequin. Ses dix arches forment une longueur de 200 mètres sur une hauteur de 50 mètres.

XXXIV — LA FONTAINE-DES-EAUX

Tout au fond d'une avenue bien sombre, au milieu des platanes, des sycomores, des mélèzes et de tout un feuillage parfumé, au bord d'une immense salle de verdure se trouve une précieuse source, la Fontaine-des-Eaux, établissement d'eaux minérales. Cette fontaine, située à 1 kilomètre de Dinan est assurément une des plus remarquables promenades qu'on puisse faire; la situation exceptionnellement pittoresque qu'elle occupe au fond d'un bassin naturel, entre deux collines toutes fleuries et à l'abri des plus mystérieux ombrages, offre au touriste et au malade la journée la plus délicieuse, la plus douce et la plus mélancolique qu'ils puissent rêver.

XXXV — CORSEULT

Le village de Corseult, situé sur la pente d'un coteau à 8 kilomètres de Dinan, sur la route de Lamballe, est encore une des mille curiosités que je vous invite à visiter, quand vous ferez l'excursion de Dinan. Ce village est comme superposé sur un tombeau ; sous le sol, gît tout une cité détruite ; sur une superficie d'au moins une lieue carrée, ce ne sont que vestiges de toutes sortes : voie romaine, restes de constructions, débris de murs ayant de 2 jusqu'à 8 pieds d'épaisseur et coupant le sol dans tous les sens. En beaucoup d'endroits, ces ruines antiques sont enduites d'une espèce de stuc dont les couleurs devaient être fort brillantes. On trouve fréquemment à 5 ou 6 pieds de profondeur des fragments de poteries, de petites statues, des médailles, des ustensiles rappelant une époque, une existence, des arts et une civilisation dont près de 2000 ans nous séparent. Dans la demeure des paysans, on rencontre des débris de colonnes ou de pierres dont les sculptures et incrustations bizarres sont remarquables de pureté. Un fragment d'entablement considérable sert de support à une croix grossière que vous verrez dans le village.

Un peu avant d'arriver à Corseult, vous verrez

aussi sur un coteau quelques pans de murailles, derniers débris du *Fanum Martis*, temple élevé jadis par les Romains.

XXXVI — CHATEAU DE LA CONNINAIS

Au milieu de la verdure, sur le versant d'un coteau tout près de la route de Saint-Malo, à 1 kilomètre de Dinan, on admire une délicieuse habitation flanquée de tourelles dont la disposition est des plus pittoresques; ce charmant petit château a été bâti au XVᵉ siècle, et les jardins qui l'entourent en rendent l'aspect plus délicieux encore. L'intérieur en est très-remarquable à cause des meubles antiques et des tableaux historiques de diverses époques. Au fond d'une grotte, dans le jardin, s'y trouve une source protégée par une statue de saint Pierre.

XXXVII — CHATEAU DE LA GARAYE

Bâti au XVIᵉ siècle, ce château est presque complétement détruit, néanmoins ce qui en

reste mérite la peine d'être visité. C'est au
fond d'une avenue superbe, à 2 kilomètres de
Dinan, qu'à l'ombre de vieux hêtres, on peut
contempler les débris du château de la Garaye.
Quelques pans de muraille en granit, une tou-
relle octogone à plusieurs étages, tout cela
déchiqueté, noirci, informe, couvert de mousse,
voilà ce qui reste de ces ruines, et encore chaque
jour en emporte-t-il une parcelle.

Une délicieuse poésie de Mme Norton rappelle
une légende qui l'a rendu célèbre et qui ne
remonte pas au delà du XVIIIe siècle. On
raconte encore dans le pays que le château était
habité à cette époque par M. de la Garaye,
homme frivole, niant Dieu, ne songeant qu'au
luxe, au plaisir, à la table.

Un soir, au milieu d'une fête réunissant des
gentilshommes débauchés et des femmes mon-
daines, le beau-frère de M. de la Garaye, un jeune
chevalier fort beau et fort brave, tomba comme
foudroyé et l'on ne releva qu'un cadavre.
Cette mort affecta profondément le noble châ-
telain qui, tout entier à sa douleur, sortit la

nuit pour chercher un peu de calme. Sa promenade l'avait conduit dans un bois solitaire, voisin du château. Tout à coup, au milieu d'une lumière rouge et surnaturelle, apparut dans un char de feu le jeune chevalier qui, s'avançant vers lui et l'arrêtant d'une voix sévère et sépulcrale, lui ordonna de fuir à tout jamais les plaisirs terrestres pour venir en aide aux malheureux. « Je suivais ton exemple, lui dit-il, je vivais comme toi, ne croyant à rien, et Dieu m'a puni ! Repens-toi, ou comme moi tu seras frappé de mort et tu souffriras éternellement. » Il disparut ensuite laissant M. de la Garaye converti, car à partir de ce moment, ce fut l'homme pieux dont la réputation de charité et de bonté est parvenue jusqu'à nous. On peut voir son tombeau dans le cimetière de Taden où il fut enterré le 4 juillet 1755.

XXXVIII — LE MENHIR DE SAINT-SAMSON

Ce monolithe, qui se trouve non loin de la Fontaine des eaux, près de Dinan, est peut-être

par sa taille le plus imposant souvenir druidique que nous possédions. Ce menhir gaulois,
ce monument d'une religion mystérieuse, se
dresse, depuis plus de 2000 ans, au milieu de
grands arbres séculaires, comme pour nous rap-
peler un passé bien loin de nous, et les souf-
frances d'un peuple asservi par l'étranger. Cette
pierre colossale, qui a bravé tant de siècles, est
toute penchée, elle ne mesure pas moins de
huit mètres de haut, sans compter ce qui est
enfoui dans le sol. Aucune trace n'indique son
antique destination, ni son origine ; était-ce un
autel à sacrifices, un tombeau ou un monument
commémoratif? Nul ne le sait et ne le saura
jamais! Dans le pays cette pierre est devenue
presque légendaire. On dit que tous les efforts
humains n'ont pu parvenir à l'anéantir; qu'après
avoir essayé en vain tous les moyens, on n'a
réussi qu'à l'incliner, mais qu'à partir de ce
moment toutes les forces se sont brisées contre
son granit.

Tout près de ce menhir se trouvent les
vieilles ruines du château de la Tremblaye qui

n'a pas comme son voisin résisté aux siècles
qui ont passé sur sa tête crénelée.

XXXIX — CHATEAU DE LANDAL

Au milieu d'un bois, sur le bord d'un étang
se trouvent les ruines pittoresques du gothique
manoir de Landal qui fut bâti au XIVᵉ siècle.
Il fut brûlé par les Anglais en 1758 et des cinq
grosses tours qui protégeaient ses fortifications
il n'en reste plus que trois. Le propriétaire
actuel, M. du Breil de Landal, s'est fait construire près des ruines du vieux manoir un
superbe château flanqué de quatre tours et
percé de fenêtres et de lucarnes dans le style
de l'ancien. Il s'applique d'ailleurs, par une
restauration intelligente, à conserver les précieux débris de ce souvenir du moyen âge.

Tout près du château et comme lui sur la commune de la Boussac, à environ 30 kilomètres
de Dinard, se trouve la chapelle de Broualan,
fondée en 1483 par une dame de Landal, Louise
de Rieux, femme de Louis de Rohan-Guéménée,

8

qui la consacra à N. D. de Toutes-Joies. Cet édifice tout en granit mérite d'être visité.

XL — DOL

Cette ville, à 26 kilomètres de Dinard, n'a conservé de ses fortifications du moyen âge, que quelques tours isolées et à demi éventrées. Elle domine, par sa situation élevée, les vastes marais de Dol ; ses rues ont conservé çà et là quelque aspect de son antiquité ; la *maison des plaids*, par exemple, offre encore aujourd'hui par son architecture et ses sculptures, tous les caractères du XIIe siècle.

La cathédrale dont la construction remonte au XIIIe siècle, est remarquable par la sévérité de son style, par la grandeur et la simplicité de son caractère, par la délicatesse de ses détails ainsi que par la grâce et par la majesté de son ensemble, quoique malheureusement, une tour soit restée inachevée. L'intérieur qui mesure 300 pieds de long sur 100 de large n'est pas moins imposant et l'on admire la hardiesse de ces sveltes colonnettes qui s'élancent d'un seul jet du sol à la voûte. Les stalles du chœur et les verreries du XIII⁵ siècle ne sont pas moins remarquables.

XLI — LA PIERRE DU CHAMP-DOLENT

On ne quittera pas Dol sans visiter, au milieu des campagnes qui l'environnent, un vieux souvenir de la Gaule florissante resté debout, bravant les siècles et leurs passions. Sur la paroisse de Carfentin on se découvre avec respect devant un monument d'une époque sauvage et sans aucune architecture, dont l'aspect grandiose et la solitude nous reportent à 2000 ans en arrière. C'est le *Menhir druidique* le plus curieux qui existe en Bretagne, et qui se dresse à une hauteur de 30 pieds au-dessus d'un monticule qui lui sert de piédestal.

XLII — LE MONT-DOL

On visitera aussi, à 3 kilomètres de la ville, le *Mont-Dol* qui s'élève sur un rocher de granit au milieu des marais. Il est couronné par une colossale statue de la Vierge, qui semble prendre sous sa protection l'étendue immense qui se découvre au regard du touriste ; on compte en vue 47 clochers.

XLIII — MONT-SAINT-MICHEL

Dans une situation presque inabordable, élevée sur un rocher granitique qui ne mesure pas moins de 60 mètres de haut, l'abbaye du Mont-Saint-Michel est un des souvenirs historiques les plus curieux et les mieux conservés du moyen âge. C'est vers l'an 709 qu'Aubert, évêque d'Avranches, bâtit d'abord sur le rocher un oratoire qui fut donné à des religieux de l'ordre de Saint-Benoît, et dont la richesse acquise par de pieux pèlerinages en fit, en quelques siècles qu'ils l'habitèrent, une des plus riches merveilles archéologiques que nous possédions. Redoutable comme un écueil et terrible comme une forteresse, elle abrite et semble protéger une foule de constructions qui s'étagent

depuis le bas du rocher jusqu'à l'abbaye
proprement dite et qui résistent aux siècles
passant sur leur tête sans les effleurer. Voici
d'abord sa première muraille d'enceinte garnie
de mâchicoulis, de tours et de bastions, dont la
porte donne sur la grève; puis la muraille du
nord, imposante par sa hauteur de 100 mètres,
ses 36 contreforts et sa longueur de 78 mètres;
la porte du château défendue par deux grosses
tours; la salle des chevaliers et au-dessus le
cloître, avec ses 120 colonnettes soutenant des
ogives de granit. Tous ces édifices superposés,
et dont l'aspect est si majestueux, sont cou-
ronnés par une superbe basilique dont on
admire, avec la dentelle du portail, les découpures des ogives, des balustrades, des galeries,
des arcs-boutants et toutes les richesses d'architecture que nous ont laissées les siècles passés. Sa
coupole tout en granit est entourée de galeries
praticables où l'on peut se promener et jouir
d'un panorama immense et splendide. L'intérieur n'est ni moins curieux, ni moins riche;
le chœur d'une architecture ogivale est d'une

extrême hardiesse ainsi que la nef et les galeries romanes. La restauration en a été faite par un architecte de talent, M. Corroyer.

En somme, cette construction ou plutôt cette sublime pyramide de l'art, est de trois styles distincts : romane par le bas, elle est gothique par le milieu et ogivale par le sommet. Depuis la Fronde elle servit de prison d'État, et ce ne fut qu'en 1864 que cette œuvre incomparable fut rendue à la religion.

XLIV — ÉGLISE DE SAINT-SULIAC

Cette église, construite au XIII⁰ siècle, révèle à l'observateur les premières tentatives de l'art chrétien. Les arcades sont embellies par de nombreuses statues ; les détails de son architecture ogivale méritent d'être attentivement examinés. Mais ce qui surtout la rend remarquable, c'est une tour carrée et massive plus digne d'une forteresse que d'une église ; ce qui s'explique, du reste, par la lutte qu'elle eut à soutenir à la fin du XVI⁰ siècle, alors que Mercœur, à la tête

d'un parti de ligueurs, en fit son quartier général et s'y retrancha jusqu'au jour où les
bandits tombèrent au pouvoir des Malouins
qui les exterminèrent.

XLV — MANOIR DE CHATEAUNEUF

Environ à 12 kilomètres de Saint-Malo se
trouve sur la hauteur, un fort dont l'origine
ne remonte pas plus haut que 1777 et qui renferme dans ses casemates un bataillon et une
batterie détachés de Saint-Malo. Plus loin, au
sortir de la ville, à l'extrémité d'un parc de
toute beauté, au bord d'une pelouse verte et
fleurie s'élève la façade charmante d'un jeune
château d'autant plus frais et plus riant qu'il
fait contraste avec les ruines du vieux donjon
dont les vieilles murailles enfouies sous le lierre
s'élèvent à l'autre extrémité de la pelouse. On
voit encore, ouvertes aujourd'hui à tous les
vents, ces vastes salles du temps d'Henri III,
où resplendissait jadis la beauté de Renée
de Rieux, la blonde maîtresse du duc d'Anjou.

A l'opposé de cette façade, aux fenêtres ouvertes et aux vitraux absents se trouve l'autre façade du vieux castel, sombre au milieu des vieux arbres séculaires et des rochers baignés autrefois par l'eau de ses fossés. Il ne reste plus des remparts de ce château-fort, élevé en 1441, que quelques courtines ruinées et une vieille tour carrée. Ce manoir, bâti par la famille de Rieux, fut saccagé en 1592 par les Malouins et ruiné complétement en 1594.

XLVI — CHATEAU DE MINIAC

Aujourd'hui, à l'endroit où s'élevait jadis l'antique forteresse des sires de Rieux, existe une élégante demeure devenue la propriété de la famille de France. Tout y est bien changé, et du château de Miniac, bâti au XIIᵉ siècle, il ne reste plus que deux tours démantelées et quelques ruines pittoresques. Un élégant parterre a remplacé la place d'armes de ce vieux manoir gothique, et les lilas, les chèvrefeuilles, couvrent en partie les débris croulants qui s'élèvent encore au bord de l'étang, au milieu des rochers sauvages. Ce fut Mercœur et ses troupes qui s'en emparèrent et le démolirent en 1589.

Il est situé à 6 kilomètres de Châteauneuf.

XLVII — CHATEAU DE COMBOURG

Construite au XIe siècle, cette forteresse est parfaitement conservée. D'une forme rectangulaire, elle est flanquée aux angles de quatre tours à toiture en poivrière, garnies de mâchicoulis et de créneaux ; la cour intérieure est également fortifiée. Situé à l'extrémité de la ville, au bord d'un étang, ce manoir gothique abrita les premières années de Chateaubriand ; c'est à l'ombre de ses murs, au milieu de la solitude qui l'enveloppait, que son génie poétique se révéla.

XLVIII — CHATEAU DE LA ROCHE

Non loin de Combourg, dans la commune de Cuguen, au bord d'une coulée sauvage, tout hérissée de rochers sombres et de vieux arbres séculaires, se trouvent les magnifiques débris du *château de la Roche*. Ces ruines, noircies par le temps et toutes couvertes de mousse et de lierre, sont tout ce qui reste d'une vieille forteresse féodale. La part active qu'elle prit aux luttes de la Ligue amena sa ruine, car après sa chute elle fut démantelée et le temps ne tarda pas à faire sur elle son œuvre de destruction.

XLIX — LA CHESNAYE

Dans le canton de Tinténiac, à Plesder, au fond d'un bois épais, sur le bord d'un étang, au milieu de rochers et de vieux hêtres, s'élève une ravissante retraite qui mérite d'être visitée. La villa de la Chesnaye, délicieuse et poétique habitation, était le séjour favori de Lamennais. Elle fut illustrée par Berryer, Montalembert, Lacordaire, Combalot, Gerbet qui vinrent y recueillir les enseignements du profond penseur.

On peut y aller de Dinan.

L — CHATEAU ET ABBAYE DE LEHON

La construction du château de Lehon, situé à 1 kilomètre de Dinan, remonte au XIe siècle ; il était formé d'un quadrilatère flanqué de huit tours rondes, dont il ne reste plus aujourd'hui que des ruines toutes couvertes de lierre. Ces ruines dominent encore de leur aspect imposant les débris de l'abbaye et tout le cours de la Rance. Cette abbaye fut fondée en 850 par Nominoé, roi de Bretagne ; mais de la construction primitive, il ne reste aucun vestige, et les ruines qu'on voit encore, ne remontent pas au delà du XIIe siècle. Plus tard, au XIIIe siècle, on y avait ajouté une chapelle qui a conservé les traces d'une architecture remarquable; entre autre, la voûte qui était d'une grande légèreté. Elle est en partie détruite aujourd'hui. On s'est servi de ce qui restait du cloître pour y installer une filature.

LI — CHATEAU DE LA BELLIÈRE

Presque au bord de la Rance, dans la commune de Pleudihen, sur la route de Saint-Malo à Dinan, se trouve l'antique manoir de la Bellière qui, au XIVᵉ siècle, était l'apanage de Raoul de Dinan, vicomte de la Bellière.

Ce château était supérieurement construit ; il se distinguait surtout par l'épaisseur de ses murailles et ses cheminées octogones ornées en saillie de couronnes de comte fort joliment sculptées. Il fut aussi la demeure de Tiphaine Raguenel, fille de Robin Raguenel et de Jeanne de Dinan, l'épouse bien-aimée de Duguesclin. On y voit encore intacte la chambre où elle rendit le dernier soupir.

Près de la Bellière, on peut voir aussi les quelques tours en ruine du vieux château des marquis de Coëtquen.

LII — CHÂTEAU DE BONABAN

Bâti vers la fin du XVIIIe siècle, le château de Bonaban a remplacé sur le même emplacement un manoir bien plus important qui datait du XIIIe siècle. Sa situation est admirable ; des terrasses, le regard plonge au nord dans la baie de Cancale et au sud sur les plaines de Château-neuf. Quoique moderne, il est flanqué de tourelles aux quatre angles et a un peu l'aspect d'un vieux château. L'intérieur, tout garni de marbres, en est richement décoré ; il est précédé d'une superbe avenue par laquelle on y arrive, après avoir parcouru une distance de 2 kilomètres seulement de la station du chemin de fer qui s'arrête à la Gouesnière, à 17 kilomètres de Dinard, tout près de la route de Dol.

LIII — ABBAYE DE LA VIEUVILLE

Tout près de Dol, à environ 5 kilomètres, on voit encore les restes de l'abbaye de la Vieu-

ville, ancien séjour des moines de Citeaux.
Fondée en 1140 par Geduin de Montsorel, seigneur de Landal, les bâtiments en furent
renouvelés par François Chéruel, son abbé, mort
au mois de janvier 1688.

Le possesseur actuel y a établi des chantiers,
et l'endroit est méconnaissable aujourd'hui ;
cependant, on y voit encore une superbe galerie
de tableaux et un parc fort curieux à visiter.

Dᴿ MILLARD

AMERICAN DENTIST

A la Grande-Perle-du-Rivage

EN FACE L'HÔTEL DE FRANCE

DINARD

COURS DE DANSE

TOUS LES MATINS

AU CASINO DE DINARD

Se faire inscrire au Contrôle

ABONNEMENT PAR 12 CACHETS

LEÇONS POUR COTILLONS

ÉTABLISSEMENT

DE

PHOTOGRAPHIE

Industrielle et Artistique

E. ORDINAIRE

DINARD

Portrait carte, Carte album, Portrait instantané pour groupe et enfant, Portrait buste finement retouché.

GRAND PORTRAIT INALTÉRABLE

AU CHARBON

~~~~~~~~~~

VUES DE DINARD & DES ENVIRONS

L'Établissement saisit cette occasion pour recommander ses beaux grands Portraits photo-crayon et charbon inaltérable, faits directement ou d'après des photographies Daguerre, etc.

Nota. — L'atelier est ouvert de huit heures du matin à midi et de une heure et demie à six heures du soir.

Il est préférable de s'inscrire et retenir son heure pour ne pas attendre.

Vins & Spiritueux

G. GONVERS

6, RUE DE TOULOUSE, 6

Saint-Malo

WINES & SPIRITS

TERMS CASH

AGENCE POUR LOCATIONS

SAINT-MALO, PARAMÉ & DINARD

Mme LENORMAND

4, Rue des Cordiers, 4

A SAINT-MALO

TROISIÈME PARTIE

ITINÉRAIRES

PROMENADES & EXCURSIONS

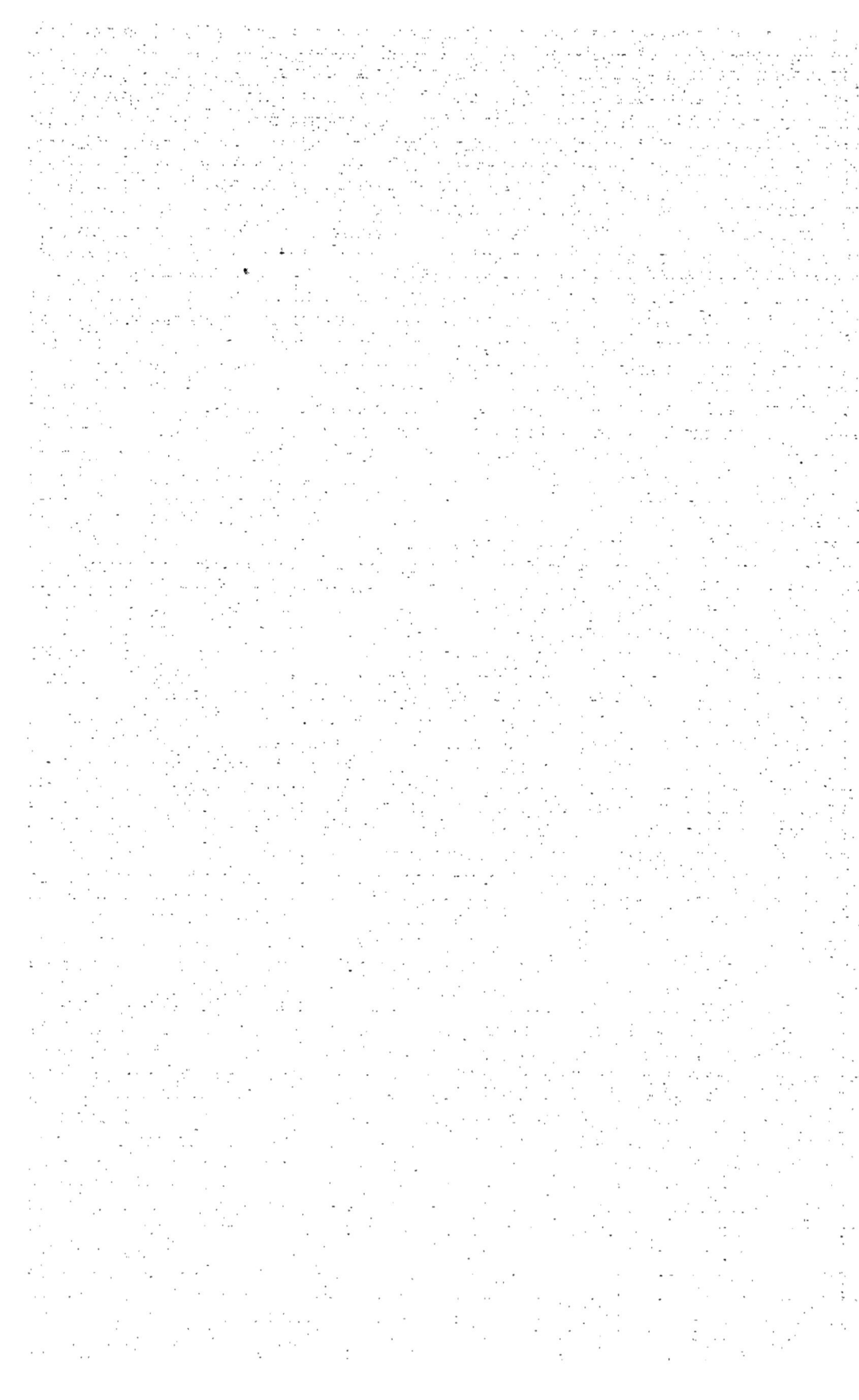

EXCURSIONS

Parmi les excursions qui suivent, il en est qui
ne sont que de simples promenades qu'on peut
facilement faire à pied, entre le déjeuner et le
dîner. D'autres un peu plus éloignées nécessitent
une voiture que vous trouverez à volonté chez
M. Boutin (*Voyez aux Renseignements*). Quant
aux excursions qui doivent prendre la journée,
je vous conseille presque toujours d'emporter
avec vous des provisions, afin de pouvoir déjeuner ou collationner soit sur l'herbe, soit
dans une ruine, soit sur un rocher ou tout autre
endroit qui vous plairait, ce qui vaut certainement mieux que de manger fort mal, dans
une mauvaise auberge.

9

Pour les provisions, vous pouvez vous adresser au buffet du Casino.

Vous trouverez à la quatrième partie de ce Guide, aux renseignements, toutes les indications nécessaires relatives aux excursions et promenades en mer. Pour celles un peu longues et qui m'entraîneraient trop loin, je vous prie de vous reporter au *Guide Conty*. Telles sont, par exemple, le cap Fréhel, Jersey, les îles Chausey, Saint-Brieuc, la Rance, etc.

I. — LE PRIEURÉ ET LA VICOMTÉ

(3 kilomètres de Dinard)

Pour aller à la pointe de la Vicomté, suivez la rue qui contourne la baie de Dinard et qui aboutit à la place de l'Église, tournez à gauche, descendez à la grève du Prieuré et dirigez-vous vers la plage rocheuse qui confine au pied, une mare dans laquelle on lave du linge. Vous trouverez alors la naissance du sentier qu'il vous faudra prendre; suivez-le, il vous fera contourner toute la propriété qu'on appelle le château Féart, dont les constructions abandonnées sont au-dessus de votre tête. Après l'avoir monté, en appuyant un peu à droite, vous tournerez le sentier à gauche et vous apercevrez non loin de vous le long mur qui clôt la propriété du colonel Paris, laquelle descend vers la mer. Suivez ce mur jusqu'au bout, vous trouverez alors à droite le sentier des douaniers qui vous conduira, en contournant les rochers et la mer, jusqu'aux vieilles ruines d'une tour

dite le *vieux fort* que vous traverserez; et ne
craignez pas de vous tromper, il n'y a que ce
seul sentier. En le suivant, vous laisserez à
votre droite une pierre qui a toute la physionomie d'un dolmen; plus loin, l'allée se découvre, les arbres vous font défaut et vous
arrivez à la pointe même de la Vicomté, ayant
en face de vous Saint-Servan, Saint-Malo et toute
la rade bordée par l'île de Césambre. En con-
tinuant ce petit sentier, vous arrivez sur les
bords de la Rance et vous ne tardez pas à ren-
contrer, pour y descendre, une vaste allée de
hêtres, toute couverte de verdure, dont la vue
vous frappera et où certainement vous vous
arrêterez.

Reprenez et continuez le sentier, vous trouverez bientôt une cabane de douaniers aban-
donnée dont le toit effondré est presque sous
vos pieds. Après être descendu, si vous le
voulez, sur les roches qui sont devant vous,
continuez le sentier, sans vous éloigner sensi-
blement du bord, jusqu'à ce que vous arriviez
à une anse où coule un léger filet d'eau et qu'on

nomme pour cette raison le *Pissot*. De là on voit le clocher et le village de la Richardais qu'à la rigueur vous pouvez aller visiter, vous y trouverez une fort jolie petite plage et deux ou trois chantiers de constructions pour les navires. Ce même sentier vous conduira jusqu'à la ferme de la Vicomté, près d'une mare d'une certaine étendue. Là, pour le retour, vous pouvez à votre gré prendre l'allée d'ormes qui se trouve à votre droite et au bout de laquelle vous trouverez facilement votre chemin. Prenez à gauche la route qui vous mène au petit village de la Vicomté et au bourg de la Guée. Là encore, deux routes se présentent, elles vous ramènent toutes deux à la route de Dinan; celle de gauche est un peu plus longue, mais aussi elle est plus jolie. En rentrant à Dinard, avant d'atteindre le couvent des sœurs trinitaires, visitez sur la grève du Prieuré les ruines du vieux couvent et le tombeau très-curieux d'Olivier de Montfort.

II — SAINT-ÉNOGAT ET SAINT-LUNAIRE

(4 kilomètres de Dinard)

Suivez dans Dinard la route de Saint-Briac qui commence vers l'hôtel des bains, traversez la rue du Casino et le boulevard Féart, descendez le chemin qui mène à la *Ville-en-Bois* et qui la traverse ; suivez en droite ligne, après avoir laissé à votre gauche le chemin qui conduit au marché, une jolie petite route toute bordée de jardins et de villas qui vous conduira sur la place de Saint-Énogat que vous traverserez. Vous laisserez à droite sa jolie église à la construction de laquelle a puissamment contribué M. Hébert, dont vous apercevrez au loin sur la droite la belle propriété. Vous continuerez votre route longeant toujours la côte jusqu'à Saint-Lunaire où vous ne tarderez pas d'arriver. Visitez alors l'église et le tombeau de saint Lunaire qui datent du XIVᵉ siècle ; la figure du saint, revêtu de ses habits sacerdotaux, est couchée sur le tombeau. Allez ensuite à la pointe du Décollé, espèce de presqu'île ainsi nommée parce qu'elle est séparée de la côte par une étroite fissure que recouvre la mer quand elle est haute et où il faut éviter surtout de vous laisser surprendre. Rien n'est saisissant comme l'effet produit par les vagues qui viennent s'y engouffrer à la marée montante. En revenant de la pointe du Décollé, levez les yeux, vous avez devant vous le sémaphore qui domine les falaises. Avant de quitter Saint-Lunaire ne manquez pas d'aller aussi visiter sa fontaine, dont l'eau est d'un grand soulagement pour les maladies d'yeux. Pour revenir je vous conseillerai, si vous avez une voiture, de prendre presque en face de l'église la route très-pittoresque qui vous conduit à celle de Lamballe, laquelle vous ramène à Dinard. Autrement revenez par le même chemin.

III — SAINT-BRIAC ET LA CROIX-DES-MARINS
(10 kilomètres de Dinard)

Prenez le même chemin que pour aller à Saint-Lunaire que vous traverserez et qui vous conduira à Saint-Briac. Cette route, par instants, domine la mer et offre le plus admirable point de vue qu'on puisse rêver ; on rencontre sur les hauteurs des demi-tours qui semblent avoir été séparées de haut en bas et qui, peintes en blanc extérieurement, servent de guidon aux navires pour la passe des récifs dangereux qui environnent la côte. Au loin, on aperçoit le cap Fréhel avec sa longue pointe qui s'avance dans la mer. Saint-Briac n'est plus qu'à quelques minutes, vous y arrivez bientôt et vous trouvez un charmant petit village très-hospitalier et renommé pour sa pêche au maquereau. Ne manquez pas de visiter son église (XXIV), et avant de repartir, allez au calvaire de la *Croix-des-Marins* qui a remplacé d'anciennes pierres druidiques. Vous pouvez encore vous diriger de la Croix-des-Marins au petit village de la Chapelle et revenir à Saint-Briac par un petit chemin qui vous ramènera sur la place. Prenez alors à droite dans l'angle de cette place une route qui, à 4 kilomètres de là, va rejoindre celle de Lamballe, par laquelle vous reviendrez à Dinard.

IV — PLEURTUIT ET JOUVENTE
(10 kilomètres de Dinard)

Suivez la rue de Dinard, dont le vrai nom est route de Quiberon, passez devant l'église, laissez à gauche la route de la Vicomté et arrivé aux dernières maisons de Dinard, allez droit devant vous en laissant à droite une route qui est celle de Lamballe, vous serez alors sur la route de Dinan que vous suivrez jusqu'à Pleurtuit. Lorsque vous serez devant l'église, prenez la route à gauche, une plaque indicative porte ces mots : Jouvente, 4 kil. A environ 1 kil. 1/2 de Pleurtuit, vous avez devant vous la route de Montmarin qui vous fait face, tandis que celle de Jouvente incline brusquement à droite. Arrivé à Jouvente, un spectacle délicieux s'offre à vos regards. A vos pieds, la Rance et ses coteaux verdoyants; la tour qui est au milieu du fleuve est celle des Zébres qui indique un écueil. C'est à Jouvente que se trouve le bac qui traverse de l'autre côté de la rivière et qui aborde au pied de la maison dite des *égorgés*, à cause d'un drame sanglant dont elle fut le théâtre. Il y a près d'un siècle : une famille entière y fut assassinée dans la nuit par des contrebandiers, et il n'échappa du massacre, qu'une petite fille de six ans qui s'était cachée sous une armoire. Pendant longtemps, les habitants de la contrée crurent la maison hantée la nuit par les âmes des victimes et n'avaient garde de s'en approcher. Quelques esprits faibles en sont encore frappés. Le bac qui y aboutit, est la seule communication qui existe entre les deux rives. Pour revenir, reprenez le même chemin, et vous aurez fait une délicieuse promenade.

V — MONTMARIN ET LE CHATEAU

(4 kilomètres de Dinard)

Suivez la même route que pour aller à Jouvente. Après avoir passé Pleurtuit, vous laisserez d'abord à votre droite le chemin du Minihic, puis vous quitterez la route de Jouvente qui tourne à droite pour suivre celle de gauche, et

vous arriverez bientôt à l'anse du Montmarin.
Là, se trouve un moulin à marée; après avoir
passé devant ce moulin, vous trouverez, en suivant à gauche, le château du Montmarin, d'où
l'on domine toute la campagne et d'où l'on
découvre toute la rade de Saint-Malo.

Vue splendide! surtout si l'on a pris soin d'y
arriver à marée haute.

En général, toutes promenades vers la Rance
doivent être faites aux heures de la haute mer.

De Montmarin, vous pouvez, en suivant le
sentier des douaniers, arriver jusqu'à la pointe
de Cancaval, d'où la vue découvre encore un
panorama saisissant et de toute beauté.

VI — LE MINIHIC ET LA BAIE SAINT-SULIAC

(6 kilomètres de Dinard)

Le chemin est le même que pour aller à Jouvente, mais après avoir fait à peu près 2 kilomètres au delà de Pleurtuit, vous rencontrerez
un poteau carré qui, comme presque tous ses
semblables et malgré sa prétention de poteau

indicateur, ne porte aucune indication. En face de ce poteau et sur la droite de la route est le chemin qui mène à la commune du Minihic. A 3 kilomètres environ, vous rencontrerez une route coupant celle où vous êtes; tournez à droite, et vous ne tarderez pas à apercevoir le village du Minihic, où vous arriverez sur la place, devant l'église même. Descendez de voiture et prenez le sentier qui se trouve derrière l'église; il vous conduira à travers champs jusqu'à la Rance dont vous pourrez suivre le bord, sur la partie délaissée par le flot. En vous dirigeant à droite, vous trouvez un peu plus loin une allée bordée d'arbres, et à laquelle on accède par un escalier de quelques marches. Vous avez alors devant vous la baie de Saint-Suliac, et juste en face et comme à fleur d'eau le village du même nom. Si vous avez pris soin d'arriver à la haute mer, vous serez ravi du spectacle que présente la plaine de Saint-Suliac, large bassin tout entouré de verdure, d'où se détachent les maisons grisâtres et le clocher pointu.

Pour revenir, continuez l'allée où vous êtes et suivez le sentier; au moment où vous allez tourner le dos à la baie, vous voyez à vos pieds un moulin à marée et devant vous une petite vallée que vient visiter la mer, les jours de grande marée. Vous descendrez dans le chemin qui borde cette vallée et vous mène jusque sur une belle route; c'est celle qui, du Minihic, va à Plouër et que votre voiture aura pu suivre, en descendant la côte, pour venir vous attendre précisément devant la petite vallée que vous venez de traverser.

Reprenez votre voiture, et que le cocher vous ramène par le même chemin, car le retour par Plouër serait beaucoup trop long.

VII — TREMEREUC ET LES ÉTANGS DE LA CROCHAIS

(8 kilomètres de Dinard)

Prenez la route de Dinan jusqu'au delà de Pleurtuit que vous traverserez complétement. Quand vous aurez derrière vous les dernières maisons, vous rencontrerez sur la droite, à moins de 1 kilomètre, la route qui vous conduit à Tremereuc ; suivez cette route, et arrivé en face des premières maisons, prenez à droite un chemin qui côtoie l'église et qui descend assez brusquement en serpentant ; continuez ce chemin jusqu'à ce que vous soyez en haut de la *remontée ;* là, quittez votre voiture : vous trouverez alors à votre gauche deux sentiers que vous pouvez prendre indifféremment, cependant je vous conseille de prendre de préférence le second. Suivez tout droit ce sentier jusqu'au moment où il s'arrête, dominant au bas, la vallée boisée au fond de laquelle se trouvent les étangs de la Crochais et un moulin dont les bâtiments divisent la vallée. Rien de merveilleux alors comme la vue qui se découvre à vos regards. Descendez ensuite sur votre gauche un chemin tracé dans les rochers jusqu'au moulin où vous pourrez, si vous en êtes friand, boire une excellente tasse de lait et vous reposer quelques minutes. En quittant le moulin, laissez le chemin que vous suiviez pour descendre près du cours d'eau qui alimente les étangs. Après avoir franchi une petite butte de terre, prenez le sentier qui s'engage sous les arbres et côtoyez les bords de l'étang qui s'élargit à mesure que vous avancez. Vous arrivez ainsi jusqu'au deuxième moulin, et je suis assuré que vous serez ému à l'aspect de ce large étang tout bordé de rochers et de vieux arbres.

Arrêtez-vous donc un instant, car ici je suis un peu embarrassé et je suis obligé de faire appel à votre sagacité. Pour sortir de là sans revenir sur vos pas, il vous faut prendre par une porte qui accède au moulin que vous traverserez, à moins que cette porte ne soit close et ne vous rende le chemin impossible, auquel cas il vous faudra remonter vers la gauche, jusqu'au bâtiment de la ferme et là, prendre la petite route qui, en descendant, vous ramènera derrière le moulin où alors, vous en trouverez une autre par laquelle votre voiture, que vous aurez laissée en haut de la côte, aura pu venir vous prendre. Ne montez pas en voiture sans avoir exploré les environs, puis revenez à Dinard par la nouvelle route que vous rencontrerez à main gauche, après quelques minutes de montée; elle aboutit au milieu de Pleurtuit où vous retrouverez alors la grande route que vous connaissez.

VIII — LA ROCHE-LES-MONTS & PLOUER

(18 kilomètres de Dinard)

Prenez la route de Dinan; lorsque vous aurez passé Pleurtuit, laissez à droite la route de Tremereuc, laissez aussi à droite celle de Pleslin dont on aperçoit les premières maisons et l'église, et suivez à gauche la route de Plouër jusqu'à une distance d'environ 2 kilomètres; la route plate jusque-là descend brusquement. Arrêtez alors votre voiture à cet endroit précis, regardez droit en face de vous, vous apercevrez le Mont-Dol et au delà dans le lointain le Mont-Saint-Michel. Puisque vous êtes arrêté, descendez de voiture, prenez à droite un petit chemin qui, en vous faisant pour ainsi dire revenir sur vos pas, vous conduira jusqu'à la *Roche-les-Monts*. Vous examinerez cette curieuse roche en marbre blanc, et après avoir rejoint votre voiture, vous continuerez votre excursion en descendant la route sur laquelle vous vous étiez arrêté. Arrivé à Plouër, vous retrouvez les bords de la Rance ayant à gauche les ports Saint-Hubert et Saint-Jean qui, placés de chaque côté d'un détroit de la Rance, ont l'air de vouloir se donner la main. En face de vous, à droite, le village de Pleudihen, que vous reconnaîtrez facilement au clocher pointu de sa grande église. Laissez encore votre voiture et allez visiter la chapelle de la Souhaitier et le château de la Rochette, tous deux baignés par la Rance, à deux pas de Plouër, puis remontez en voiture et revenez à Dinard.

IX — SAINT-JACUT ET LES ÉBIHENS
(20 kilomètres de Dinard)

Suivez la grande rue de Dinard ou route de Quiberon, vous arrivez naturellement à l'église, devant laquelle vous passerez. Arrivé près de l'octroi, à l'endroit où la route fait la fourche, prenez à droite, c'est la route de Lamballe. Après avoir rencontré un petit village qu'on nomme la Ville-ès-Meniers et laissé à votre droite la route qui mène à Saint-Briac, la première commune que vous rencontrerez est celle de Ploubalay, chef-lieu de canton. Vous arriverez ensuite à Tregon, après avoir traversé le hameau de Jikley; là, vous abandonnerez la route de Lamballe pour prendre celle de Saint-Jacut qui est indiquée d'ailleurs par un poteau. Cette route suit la baie dans laquelle des voitures viennent prendre la vase ou tangue, qui sert d'engrais. Vous arriverez bientôt au village de Saint-Jacut qui forme comme une presqu'île. En montant sur le haut des rochers, on a devant soi les rochers des Ébihens sur lesquels une tour en granit fut élevée en 1697. Si vous avez la fantaisie d'y aller en bateau, vous y trouverez une ferme où vous pourrez déjeuner, d'autant mieux, que vous aurez apporté des provisions. Après quoi vous reviendrez à Saint-Jacut et reprendrez la route qui vous a amené, à moins que vous ne préfériez revenir par Saint-Briac et la route de côte qui passe à Saint-Lunaire et Saint-Énogat.

C'est de Saint-Jacut que partent les pêcheurs qui alimentent en grande partie les marchés de Saint-Malo, Saint-Servan et Dinard.

X — LE GUILDO ET LE VAL D'ARGUENON
(20 kilomètres de Dinard)

Suivez la route de Lamballe en passant par Ploubalay et Trégon ; laissez à droite la route de Saint-Jacut et continuez celle de Lamballe. Au delà de Tregon, vous rencontrerez à droite la route de Matignon, ainsi que l'indique le poteau qui se dresse à l'entrée ; c'est cette route qu'il faut prendre pour se rendre au Guildo.

Arrêtez-vous à l'auberge qui se trouve avant d'arriver au pont qui traverse l'Arguenon ; de là, descendez en vous dirigeant vers les vieilles maisons qui sont sur les bords de la mer, et montez la large route qui longe la falaise; prenez alors le premier sentier à main gauche, il vous conduira jusqu'aux ruines du château du Guildo (XXV) que vous pourrez visiter.

Si vous voulez compléter l'agrément de cette excursion matinale, je vous conseillerai d'emporter des provisions et de déjeuner dans les ruines. Rien n'est plus délicieux que cette douce solitude pleine de charmes et de poésie. Non loin de là, au bas des ruines, se trouve une source dont la fraîcheur n'est point à dédaigner.

Après votre déjeuner et pour faire une promenade, allez, non loin de là, visiter le manoir du val d'Arguenon (XXVI) qui contraste singulièrement par sa fraîcheur avec les tristes débris de son antique voisin le Guildo.

En y allant, cherchez sur le bord de la mer, au milieu des roches noires, les fameuses pierres qui sonnent et que vous trouverez facilement en les frappant avec votre canne.

Après votre visite au val d'Arguenon, revenez par la même route et vous aurez fait une des plus ravissantes promenades que je connaisse.

De la même excursion vous pourriez, avec plus de temps, aller jusqu'au cap Fréhel, et tout près de là, visiter les fameuses grottes d'Apollon.

Voyez d'ailleurs pour plus de renseignements le *Guide Conty.*

XI — PLANCOET & LA HUNAUDAYE
(27 kilomètres de Dinard)

Prenez la route de Lamballe, traversez Ploubalay, continuez la même route en laissant de côté celles de Saint-Jacut et de Matignon ; vous passerez alors devant le village de Crehou que vous apercevrez à droite dans les arbres et dont l'importante communauté borde la route, à l'angle du chemin qui y conduit. Un peu plus loin, aussi à droite, vous admirerez la jolie chapelle, style gothique, et le château moderne de M Riou de Largentaye. Vous ne tarderez pas à arriver bientôt à un joli village qui, bâti à mi-côte sur les bords de l'Arguenon, est d'un effet des plus

pittoresques et des plus charmants, c'est Plancoët, chef-lieu de canton où s'arrête la voiture
correspondant au chemin de fer et dont le service organisé par M. Boutin est régulier; continuez votre chemin jusqu'à la bifurcation; là,
laissez la grande route qui est à votre droite,
suivez devant vous celle de Quiberon; à environ
1 kilomètre 1/2 de cette bifurcation, quittez la
route de Quiberon pour prendre celle de gauche.
Un peu avant d'arriver à la forêt de la Hunaudaye, vous apercevrez sur votre gauche une
grande avenue qui vous conduira aux ruines
du château (XXVII). Revenez ensuite à Dinard
par la même route. Si vous voulez revenir par
Corseult, vous pourrez visiter sur votre chemin
les ruines de Montafilant (XXVIII).

XII — PARAMÉ ET SAINT-IDEUC

(5 kilomètres de Dinard)

Prenez le bateau pour passer à Saint-Malo,
que vous traverserez entièrement de la porte
de Dinan à la porte Saint-Vincent. En sortant

de la ville vous serez sur le sillon, autrefois simple langue de terre qui rattachait Saint-Malo au continent. A 3 kilomètres de distance, en suivant la ligne droite, vous arrivez à Paramé.

(Il y a un service régulier d'omnibus).

Laissez à gauche la route de Cancale, et suivez tout droit, vous arriverez au Petit-Paramé, à 1 kilomètre 1/2, en laissant le village du Val à votre droite. Vous pourrez visiter les anciens domaines de la Chipaudière, de la grande et de la petite Rivière, de la Villa-aux-Roses, etc. Lorsque vous serez au Petit-Paramé, prenez à droite le chemin qui vous conduira au village Saint-Joseph, montez sur la montagne et de son sommet vous embrasserez, avec Saint-Malo et Saint-Servan, une étendue immense de mer et de verte campagne. Puis voyez non loin de là le village des Chênes, le bourg de Rotheneuf et les restes du manoir de Jacques Cartier. Revenez ensuite jusqu'à Paramé, prenez, près de l'église, une route à droite, elle vous conduira à Saint-Ideuc, où l'on arrive à sa petite église en passant sous une voûte de

tilleuls; tout est calme et paisible dans ce joli
, petit village dont le clocher se dresse au milieu
des feuilles comme un grand mât au milieu des
voiles; le silence mélancolique qui vous envi-
ronne vous fait rêver délicieusement, et vous
y respirez comme un doux parfum de poésie.
Revenez un peu sur vos pas, vous trouverez
à droite un petit chemin que vous suivrez et
qui vous conduira d'abord à un tout petit
temple caché comme un nid au milieu du feuillage; c'est N. D. des Grâces. Pendant la Terreur,
en 1793, alors que toutes les églises étaient
fermées, on y célébra longtemps encore le
service divin; malheureusement, cet humble
oratoire partagea bientôt le sort des autres
sanctuaires; il fut dépouillé, ses portes furent
scellées, et les ministres du Seigneur chassés.
Continuez ce chemin qui vous conduira d'abord
au hameau des *Herbages*, tout entouré de vertes
fraîcheurs; puis au *Coudray*, ombragé par ses
vieux ormeaux, ensuite à *Lery*, caché derrière
un rideau de peupliers; à *Kermalo*, tout enguir-
landé de platanes, et en descendant, vous arri-

verez à la grève de Rochebonne. De là à Paramé
et à Saint-Malo, revenez à mer basse par la
grève.

XIII — CANCALE & SAINT-COULOMB

(14 kilomètres de Dinard)

Allez d'abord à Saint-Malo, gagnez la porte
Saint-Vince : soit par la ville, soit par le quai,
suivez le s''on, traversez Paramé dans toute sa
longueur et vous arriverez à la route de Cancale
que vous trouverez à gauche au sortir de Paramé. Voyez en passant les villages de Cat-
nabat, la Mettrie-aux-Chanoines, l'*île Bernard*
et beaucoup de coquettes villas. Arrêtez-vous
à la *Fosse-Hingand* (XXIX), vieux manoir
historique ; encore un pas et nous sommes à
Saint-Coulomb, dont l'église se dresse sur un
tertre au milieu du bourg. A 1 kilomètre sur la
droite de Saint-Coulomb se trouvent les ruines du
Plessis-Bertrand (XXXI), un petit chemin que
vous trouverez facilement à gauche vous conduira à l'anse Duguesclin, au bord de la grève.

Vous y visiterez les ruines du vieux manoir de Guarplic (XXX). Revenez à Saint-Coulomb, continuez votre route et en quelques minutes vous êtes à Cancale (XXXII). Ne manquez pas de voir la houle et les pêcheries d'huîtres; visitez aussi le village de la Broustière très-pittoresquement situé sur le bord de la mer, en face le rocher de Cancale; mais avant de quitter la ville, admirez le tableau merveilleux qui s'étale devant vous, en montant sur les hauteurs du Hoc. De là vous découvrez toute la côte normande, Granville, Avranches, Mont-Saint-Michel, Mont-Dol, le fort des Rimains, les roches de Taumatz, etc.

Sortez de votre contemplation pour reprendre le chemin du retour que vous effectuerez en passant par *Saint-Méloir-des-Ondes*, joli bourg orné d'une véritable petite cathédrale à trois nefs, bâtie il y a quelques années et vraiment fort remarquable.

XIV — DINAN ET CORSEULT

(24 kilomètres de Dinard)

Vous avez deux excursions charmantes à faire ayant le même but. L'une au moyen d'un steamer en remontant le cours de la Rance, l'autre en voiture par la route de Dinard à Dinan (service Boutin).

Évidemment, la plus belle, la plus accidentée et la plus pittoresque est celle que vous ferez par le bateau et où vous trouverez au Casino les heures de départ selon la marée. Cette excursion est d'ailleurs toute tracée et détaillée dans le *Guide Conty*. Mais ce n'est pas une raison pour dédaigner l'excursion par la route qui, elle aussi, a son côté pittoresque. D'ailleurs et pour tout concilier, partez par le bateau et revenez par la route, je vous assure que vous serez satisfait. Donc, admettons que vous preniez le bateau pour aller ; vous contemplez sur votre route les bords si accidentés de la Rance. Vous voyez de loin tous ces vieux souvenirs historiques que vous laissez sur votre passage, et vous arrivez à Dinan (XXXIII). Si vous voulez y coucher, vous pourrez alors, ayant plus de temps, aller visiter la *Fontaine-des-Eaux* (XXXIV), le château de la Garaye (XXXVII), celui de la Tremblaye, le menhir de Saint-Samson (XXXVIII) et le village de Corseult (XXXV), puis vous reviendrez par la route en passant près du château de la Conninais (XXXVI), le bois de Carelle, Plesbin, Tremereuc, Pleurtuit et la Ville-ès-Meniers.

C'est, selon moi, l'excursion de Dinan comme elle doit être faite.

XV — DOL & LE MONT-SAINT-MICHEL

(50 kilomètres de Dinard)

Cette excursion est un peu longue et je vous conseillerai de coucher au Mont-Saint-Michel et de ne revenir que le lendemain ; mais elle est tellement agréable, que je ne puis résister au désir de vous l'indiquer. Le matin, prenez une voiture que vous aurez retenue la veille à

Dinard, passez avec elle à Saint-Servan, allez
jusqu'à l'hôtel de ville, montez la rue Ville-
l'épin, tournez à gauche pour suivre la promenade du Mouchoir-Vert et vous êtes sur la route
de Dol. Cette route est en partie ombragée de
grandes allées de hêtres et de mélèzes. Laissez
derrière vous, après y avoir passé, le village de
la *Gouesnière* et le château de Landal (XXXIX)
et vous arriverez bientôt à Dol (XL), que vous
ne manquerez pas de visiter pendant que vos
chevaux se reposeront. Remontez ensuite en
voiture, sortez de Dol, traversez le pont du
chemin de fer, suivez la grande route qui mène
à Pontorson et qui vous offre, sur presque tout
son parcours, une vue des plus étendues et des
plus saisissantes. Arrivé à Pontorson, où vous
vous arrêterez forcément pour faire souffler les
chevaux et pour déjeuner, à moins que vous
n'ayez préféré déjeuner à Dol (Pour le choix
d'un hôtel, voyez le *Guide Conty*). Après déjeuner, visitez l'église qui fut bâtie au XIVe siècle
par le père de Guillaume le Conquérant; puis,
reprenez votre voiture, allez au Mont-Saint-

Michel par la route de grève et au bout d'une heure vous y arriverez. Ayez soin, toutefois, de prendre vos mesures pour faire ce petit trajet à marée basse, car, autrement, il vous faudrait prendre la route, et non-seulement c'est plus long mais c'est beaucoup moins agréable. En effet, à peine sorti de Pontorson, le Mont-Saint-Michel se dresse devant vous et vous pouvez le contempler à votre aise sans vous arrêter. Choisissez aussi de préférence un jour de lune, car si vous y couchez, vous pourrez jouir alors d'un spectacle merveilleux. Rien n'est plus majestueux ni plus imposant que d'admirer, la nuit, cet immense ensemble d'architecture éclairé mystérieusement par la lune et qui, à chaque minute, prend un aspect différent. Inutile de vous recommander de visiter ces richesses de curiosités (XLIII), le plus beau souvenir archéologique que nous possédions.

Pour revenir le lendemain, prenez la route qui suit la baie de Cancale, et pour cela, après avoir passé le pont qui traverse le Couesnon, suivez la première route à droite ; elle contourne la baie du Mont-Saint-Michel jusqu'à Saint-Broladre; là, prenez à droite la route qui mène à Cherrueix, le Vivier, Saint-Benoît-des-Ondes et qui remonte à Saint-Malo par Paramé. Arrivé à Saint-Malo, vous n'avez plus qu'à prendre le bateau pour rentrer à Dinard.

Si vous voulez aller et revenir au Mont-Saint-Michel dans la même journée, je ne vous conseillerai pas ce mode d'excursion qui, alors, serait beaucoup trop fatiguant, mais, prenez à Saint-Malo le chemin de fer qui part à 7 h. du matin et qui arrive à Dol à 7 h. 57; reprenez, à Dol, le train pour Pontorson, qui part à 7 h. 58, et de Pontorson la distance en voiture est courte.

Pour revenir, vous reprendrez le chemin de fer de Pontorson à 3 h. 56, il communique avec le train qui passe à Dol à 4 h. 59, et vous arrivez à Saint-Malo à 5 h. 40.

XVI — LE TRONCHET & COMBOURG

(37 kilomètres de Dinard)

Allez à Saint-Servan et prenez la route de
Dol indiquée précédemment. Après avoir passé
la Baronnaie, vous arriverez à un endroit où
la route se divise en trois ; à gauche, vous avez
celle qui conduit à la Gouesnière, à droite est
un petit chemin qui descend au bord de la
Rance à la maison des égorgés ; laissez ces
deux routes pour prendre celle du milieu qui
vous conduira à Châteauneuf si vous la suivez
directement. Mais au lieu de cela, lorsque vous
aurez laissé derrière vous Saint-Jouan-des-
Guérêts, que vous aurez atteint le bord de la
Rance que vous côtoierez un instant en suivant
la petite anse, dite *baie des Salines*, où des
petits bateaux seulement peuvent arriver à la
mer haute et que vous arriverez au petit bourg
des Gatines, je vous conseillerai alors de prendre
à droite un chemin qui vous conduira jusqu'à
Saint-Suliac, dont on aperçoit le clocher, de la

route. Visitez son église (XLIV) et revenez sur vos pas pour reprendre votre direction. Vous arriverez bientôt au fort de Châteauneuf, à 11 kilomètres de Dinard. Après avoir visité le fort et le château (XLV), vous traverserez la ville et vous continuerez votre route, qui est celle de Saint-Malo à Rennes. A environ 4 kilo-mètres de Châteauneuf, vous trouverez, à gauche, une avenue qui mène au château de Gouillon, qu'on aperçoit de la route. Un peu plus loin, presque en face de la deuxième route que vous rencontrerez à droite, vous laisserez à gauche celle qui conduit au Miniac pour suivre tout droit jusqu'à une avenue qui se trouve un peu plus loin à droite et qui vous mène au château de la Touche-Porée, en ayant soin, toutefois, de laisser à droite de cette avenue une petite route qui conduit à Pleudihen. Reprenez ensuite le chemin qui vous a amené, traversez la route pour prendre en face de vous un autre chemin qui vous conduira au Miniac (XLVI). Là, tournez à droite et suivez une jolie petite route qui traverse bientôt celle de Dinan à Dol et qui

11

entre non loin de là dans la forêt du Mesnil.
Après l'avoir suivie pendant environ 4 kilomètres, vous arrivez au Tronchet que vous laisserez à gauche pour continuer cette même route
presqu'en droite ligne jusqu'à Combourg où
vous déjeunerez. Après avoir visité la *Forteresse*
(XLVII) et, tout près de là, le château de la
Roche (XLVIII), vous reviendrez sur vos pas
jusqu'au Tronchet, petit village de la commune
de Plerguer, bâti sur la lisière de la forêt, à
1 kilomètre du château, de construction moderne,
appartenant à la famille de Surcouf. Vous
pourrez visiter au Tronchet l'abbaye du même
nom, dont la chapelle est desservie régulièrement; cet ancien monastère fut fondé en 1170,
sous le patronage de saint Benoît. A 3 kilomètres
de l'abbaye, en vous dirigeant vers Plerguer,
se trouve le château de Beaufort, appartenant
depuis la fin du XVIIIe siècle à la famille de
Gouillon. Avant cette époque, il était la possession d'une branche de la famille de Chateaubriand. C'est d'ailleurs une fort belle propriété
entourée d'eaux vives et de bois superbes. De

là, vous gagnerez Plerguer où vous prendrez à droite la route de Dinan à Dol, pour arriver bientôt à cette dernière ville et prendre, pour revenir à Saint-Servan et Dinard, la route de Dol à Saint-Servan.

Vous pouvez abréger cette excursion en supprimant la partie du Tronchet à Combourg, car le Tronchet est à 26 kilomètres et Combourg est à plus de 37.

Vous pouvez aussi, en la diminuant encore, revenir de Plerguer par le Miniac.

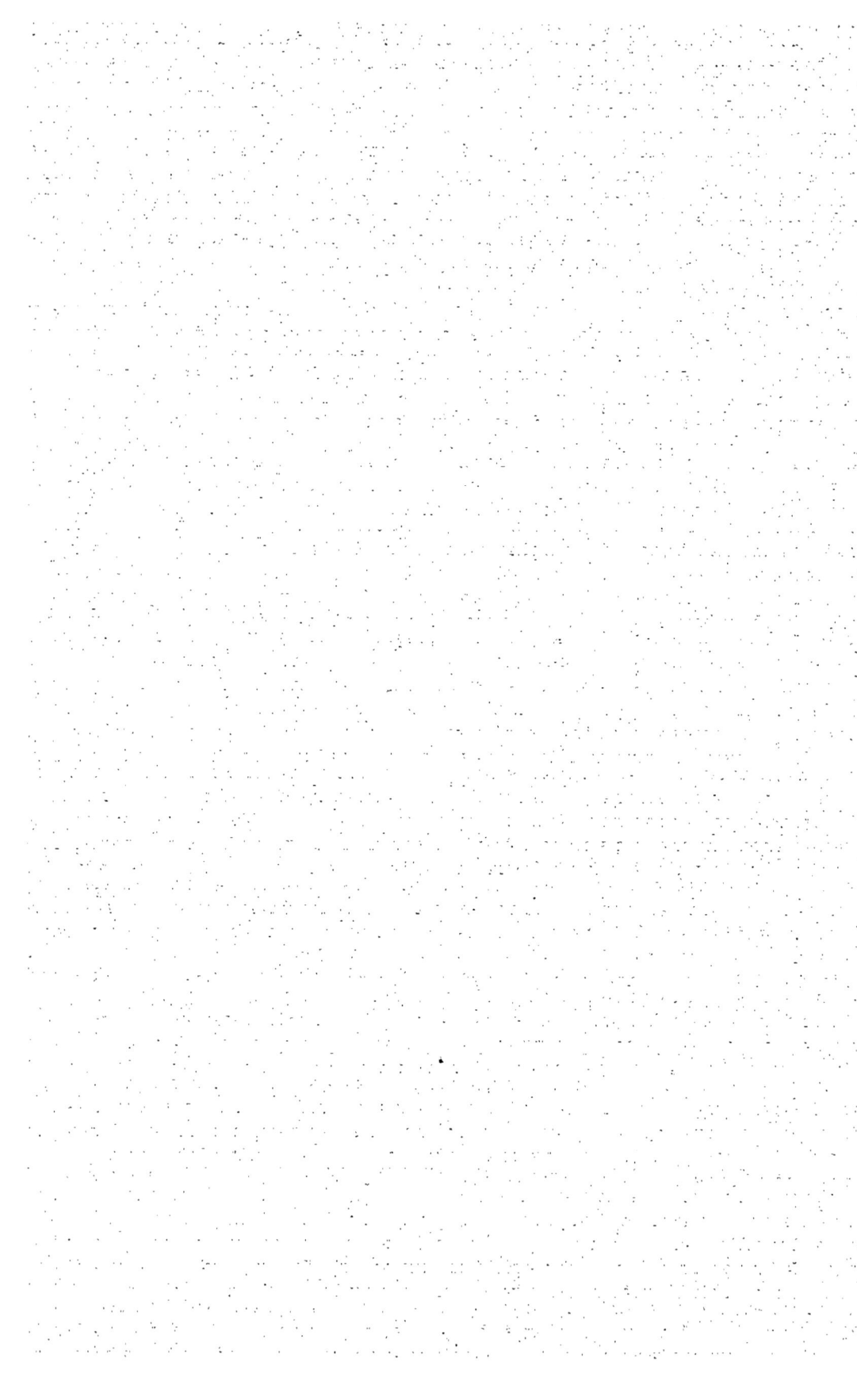

COURSES DE NATATION

**Divertissements sur l'eau de toutes sortes —
Musique — Tentes — Rafraîchissements**

~~~~~~~~~~

LE SOIR

BAL & FEU D'ARTIFICE

AU CASINO

~~~~~~~~~~

PRIX : Objets d'art, Médailles, etc.

————

VALEUR DES PRIX :

1,200', 400', 150', 100', 80', 60', 50', etc., etc.

FORMANT ENSEMBLE

Une somme de 2,600 francs

NON COMPRIS LES PRIX OFFERTS

PAR

LL. EE. MM. LES MINISTRES

GUIDE DU CASINO

QUATRIÈME PARTIE

—❧—

RENSEIGNEMENTS

Administrations — Cultes
Bateaux & Marées

RENSEIGNEMENTS

INDICATIONS GÉNÉRALES SUR DINARD

Mairie. — M. Lhotelier, maire.

       MM. Geffto (Stanislas) et Merdrignac, adjoints.

Consul britannique. — M. Mac-Grégor, à Saint-Malo.

Justices de paix. — M. Marteau, juge.

    M. Met, greffier.

Police. — Gendarmerie — Douanes — Maître de port — Agents de police — Brigadier — Garde champêtre.

Police de la plage. — S'adresser au Casino à M. Legros, surveillant des bains (*Livre de réclamations*).

Casino. — Salons de lecture — Jeux — Gymnase — Café — Pâtisserie — Tir — Salle d'armes — Théâtre.

Bains. — Bains de mer — Bains chauds, eau de mer et eau douce — au Casino.

Bureau de bienfaisance. — Présid., M. Lhotelier.

Caisse d'épargne. — Ouverte le dimanche.

Notaire. — M. Lhotelier.

Syndic des gens de mer. — M. Jourdain.

Enregistrement. — M. Picherot, receveur.

Agent voyer. — M. Bourdon.

Contributions directes. — M. de Saran, percepteur.

Contributions indirectes. — M. Duplessis, receveur.

Bureau de tabac. — Acquit des droits réunis.

Postes et Télégraphe. — Mme veuve Marlin, et M. Lainé, directeurs.

Marché. — Viande, poisson, légumes, beurre et œufs, trois fois par semaine.

Cultes. — Église catholique — Temple évangélique — Communauté religieuse.

Écoles. — Laïques et congréganistes des deux sexes.

Professeurs. — Musique — Chant — Piano — Dessin — Français — Anglais — Danse.

Médecins. — Français et anglais — Dentiste américain.

Pharmacien. — De première classe — Secours aux noyés.

Cercles. — Cercle anglais et club nautique.

Photographe. — Portraits et vues du pays et environs.

Musique municipale. — Chef, M. de Kerdellau.

Service régulier. — Omnibus et bateaux à vapeur.

Service à volonté. — Voitures et bateaux à voiles.

Hôtels — Restaurants — Cafés et commerçants de toutes sortes.

CAFÉ-BUFFET
DU CASINO

CONSOMMATIONS DE 1er CHOIX

Bière, Porter, Pale-Ale

GLACES, SORBETS, FROMAGES GLACÉS

PATISSERIE DE TOUTE SORTE

ENTREMETS, DESSERTS

Déjeuners, Lunchs

SERVICE SPÉCIAL POUR

DINERS, BALS, SOIRÉES, EXCURSIONS

SUR LA PLAGE
Kiosque pour vente de Pâtisseries et Rafraîchissements

NOTA. — On reçoit des Commandes pour la ville.

PRINCIPAUX HOTELS

Gᵈ *Hôtel de Dinard*, tenu par M. Bourouillou.

Hôtel des Bains, tenu par M. Phélippeaux.

Hôtel du Casino, tenu par M. Boudin.

Hôtel de la Plage, tenu par M. Séroin.

Hôtel de France, tenu par M. Pindray.

Hôtel de Paris, tenu par Mᵐᵉ veuve Hilly.

LES SŒURS TRINITAIRES

Donnent également des chambres et prennent
des pensionnaires.

INSTRUCTION & ASILE POUR L'ENFANCE

BUREAU DE POSTE

Ouvert tous les jours de 8 heures du matin à
8 heures du soir (heure de Paris).

Les *dimanches* et *fêtes*, il n'est ouvert que de
8 heures du matin à 1 heure seulement.

LEVÉE DES BOITES
(HEURE DE PARIS)

DESTINATIONS	AU BUREAU		AU CASINO	
Pour Pleurtuit	8 h. 30		8 h. 15	
— Rennes et St-Malo	0	40	8	15
— Dinan	1	»	11	30
— Plancoët et Brest,				
et la ligne........	1	45	11	30
— Paris et la ligne..	3	»	2	15
— — ..	6	»	5	15

La levée des Boîtes, autres que celle du Bureau,
se faisant au cours de tournée, peut varier de
quelques minutes. La levée de 11 h. 30 est dans
ce cas, elle peut être faite avant comme après
l'heure indiquée.

PRIX DE L'AFFRANCHISSEMENT

Tout le territoire français............... »¹ 15

Angleterre.............................. » 25

Amérique.............................. » 25

Inde.................................. » 35

Égypte, Turquie........................ » 25

Ile des Açores......................... » 25

Ile d'Angola........................... » 35

Ile d'Antigoa .... » 35

BUREAU TÉLÉGRAPHIQUE

Ouvert tous les jours, fêtes et dimanches compris, de 7 h. du matin à 9 h. du soir

PRIX DES DÉPÊCHES

Pour toute la France, par 10 mots........ »¹ 60

5 cent. en plus par chaque mot supplémentaire.

Londres, Guernesey, Jersey .. par mot.	» 25
Iles Britanniques.............	—	» 25
New-York	—	8 75
Saint-Louis................	—	4 10
Californie.................	—	4 60
Les Carolines	—	8 75
Virginie	—	4 10
Terre-Neuve...............	—	2 50
Antilles, Antigoa...........	—	16 25
Pérou ..... par mot. 5 fr. 20, 7 fr. 80 et	10 30
Chili .... par mot.	12 10
Brésil.... par mot. 26 fr. 45, 28 fr. 15 et	80 75
Pernambuco.............. .. par mot.	80 75
Rio-Janeiro	—	80 75
Santos................	—	80 75
Égypte	—	1 95
Alexandrie.................	—	1 70
Russie d'Europe.......	—	» 60
Russie-Caucase.............	—	» 85
Russie d'Asie............. par 20 mots.	26 »

Autriche	par mot.	» 30
Italie	—	» 25
Roumanie	—	» 40
Suisse	—	» 15
Allemagne	—	» 20
Alsace-Lorraine	—	» 20
Belgique	—	» 15
Hollande	—	» 15
Luxembourg	—	» 125
Danemark	—	» 25
Suède	—	» 45
Espagne	—	» 25
Portugal	—	» 25

Nous ne donnons ici que les indications principales, le prix des dépêches étant soumis à des taxes qui varient à l'infini.

NOTA. — On peut, par la voie de Brest, adresser des dépêches pour New-York.

Prix par mot...... 0 60

CERCLE ANGLAIS
(Villa Victoria)

COMMITEE

MM. Philip le B. Egerton.
    S. Faber.
    Monteith.
    Le colonel Master C. B.
    Le lieutenant-colonel Hamilton.
    Ogden Codman.

HONORABLE MEMBER

Le révérend A. K. D. Edwards, *chaplain.*

CLUB NAUTIQUE

Président........ M. le comte de Mortemart.
Vice-Président .. M. Camac.
Secrétaire........ M. le vicomte des Nos.

ÉGLISE CATHOLIQUE

Dimanche et jours fériés : Service divin
habituel.
Tous les jours, messe à six heures du matin.

TEMPLE ÉVANGÉLIQUE

ANGLICAN

CHURCH OF St. BARTHOLOMEW

DINARD

Dedicated by the Bishop of Derry, May 1878

TIME OF DIVINE SERVICE

SUNDAY.............. 11, *a. m. and* 5, *p. m.*

HOLY COMMUNION

Is celebrated on the First and Third Sundays in the Month after Morning Service: and on the Second and Fourth, at 8,30, *a. m.*

WEDNESDAYS

Litany........................... *at* 11, *a. m.*

FRIDAYS

Litany............................. *at* 11, *a. m.*
Application for Sittings to be made to te Chaplain.

Chaplain.

(Licensed by the Lord Bishop of London).

Revd A. K. D. EDWARDS B. A.

PHOTOGRAPHIE DU CASINO

(E. ORDINAIRE)

---

*Ateliers ouverts de 8 heures du matin à midi
et de 1 heure 1/2 à 6 heures du soir.*

On trouve chez lui toutes les *Vues
de Dinard et des environs.*

PORTRAITS ET REPRODUCTIONS

DE TOUS GENRES ET DE TOUTES DIMENSIONS

LOCATION DE PIANOS

S'adresser à Mme YUNG, villa Douchka.

S'occupe également des Locations de Maisons.

12

PÊCHE ET PROMENADES EN MER

On trouve à la Cale des bateaux à voiles à l'heure, à la journée ou à forfait.

RÉGATES DE DINARD

Les Régates ont lieu, cette année, les 21 et 22 août 1881.

COURSES — STEEPLE-CHASE

A Dinan et à Saint-Malo pendant la saison.

VOITURES A VOLONTÉ

M. BOUTIN, loueur, traite à forfait à l'heure ou à la course. — Bureau de messageries. — Agence de locations de maisons. — Voitures de remise, Calèches, Breaks, Omnibus, Victorias, etc.

RENSEIGNEMENTS.

EXCURSIONS EN MER

Par le Steamer LA RANCE

(VITESSE : 12 NŒUDS)

Pour tous les endroits suivants pendant la Saison balnéaire :

CANCALE, GRANVILLE, ILES CHAUSEY

CAP FRÉHEL, MONT-SAINT-MICHEL

RIVIÈRE DE LA RANCE

(Voir au Casino les affiches pour les heures de départ.)

PRIX DE L'EXCURSION : 5 FR.

～～～～～

SERVICE RÉGULIER

ENTRE DINAN ET SAINT-MALO

Par le bateau **Ille-et-Rance**

(Voir au Casino les heures de départ.)

OMNIBUS BOUTIN

(CORRESPONDANCE DU CHEMIN DE FER)

Pour DINARD, DOMICILE et autre lieu

~~~

SERVICE RÉGULIER POUR

DINAN, PLANCOET, ST-BRIAC & ST-LUNAIRE

1º *Entre Dinard et Dinan.*

Départ de Dinard : 8 h. mat., 12 h., 1 h. et 5 h. soir.
— de Dinan : 6 h., 7 h. 30, 8 h. 45 m. et 3 h. s.

2º *Entre Dinard et Plancoët.*

Départ de Dinard : 8 h. mat. et 2 h. s.
— de Plancoët : 8 h. mat. et 1 h. 45 s.

3º *Entre Dinard et Saint-Briac.*

Dépt de Dinard : 8 h. 30 m., 12 h., 3 h. 30, 7 h. 30 s.
— de St-Briac : 7 h., 10 h. mat., 2 h., 5 h. soir.

4º *Entre Dinard et Saint-Lunaire.*

Départ de Dinard : 10 par jour.
— de Saint-Lunaire : 10 par jour.

(Voir chez M. Boutin)

~~~

RENSEIGNEMENTS GRATIS

BUREAU DE MESSAGERIES

STEAMERS ANGLAIS

London and South Western Railway C°

ENTRE

SAINT·MALO, JERSEY ET L'ANGLETERRE

————

De Saint-Malo à Southampton.
Départ : les Lundi, Mercredi et Vendredi.

De Southampton à Saint-Malo.
Départ : les Lundi, Mercredi et Vendredi.

De Saint-Malo à Jersey.
Départ : les Mardi, Jeudi et Samedi.

De Jersey à Saint-Malo.
Départ : les Lundi, Mercredi et Vendredi.

NOTA. — Voir au Casino les heures de départ et détails nécessaires.

CHEMINS DE FER DE L'OUEST

SERVICE D'ÉTÉ

DE SAINT-MALO A PARIS

DÉSIGNATION DES TRAINS		DÉPART	ARRIVÉE	DURÉE DU TRAJET
Omnibus................	1re, 2e, 3e cl.	5h 45 m.	10h 02 s.	16h 17
Express (par Folligny).	1re, 2e cl....	5 45 m.	4 34 s.	10 49
Omnibus................	1re, 2e, 3e cl.	11 45 m.	3 35 m.	15 50
Express.................	1re, 2e cl....	12 45 m.	11 35 s.	10 50
Direct (St-Lazare).....	1re, 2e cl...	5 08 s.	4 40 m.	11 32
— (Montparnasse).	1re, 2e, 3e cl.	5 08 s.	4 50 m.	11 42
Pour Rennes...........	1re, 2e, 3e cl.	8 45 s.	11 05 s.	2 20
Pour Pontorson, Mont-St-Michel.	1re, 2e, 3e cl.	7 45 m.	»	»

DE PARIS A SAINT-MALO

DÉSIGNATION DES TRAINS	DÉPART	ARRIVÉE	DURÉE DU TRAJET
Express............ 1re, 2e cl....	7h30 m.	6h 40 s.	11h 10
Rapide............. 1re cl......	9 00 m.	6 20 s.	9 20
Omnibus........... 1re, 2e, 3e cl.	5 50 s.	7 22 m.	13 32
Direct............. 1re, 2e cl....	8 00 s.	7 22 m.	11 22
Omnibus........... 1re, 2e, 3e cl.	10 30 s.	2 05 s.	15 35

Voir pour tous les détails l'affiche au Casino.

BATEAUX A VAPEUR
Entre DINARD, St-MALO et St-SERVAN
SERVICE RÉGULIER entre DINARD et SAINT-SERVAN

DÉPART DE DINARD			DÉPART DE SAINT-SERVAN		
Juillet	Août	Septembre	Juillet	Août	Septembre
5ʰ 50	5ʰ 30	5ʰ 30	6ʰ »	6ʰ »	6ʰ »
6 30	6 30	6 30	7 »	7 »	7 »
7 30	7 30	7 30	8 »	8 »	8 »
8 30	8 30	8 30	9 »	9 »	9 »
9 30	9 30	9 30	10 »	10 »	10 »
10 30	10 30	10 30	11 »	11 »	11 »
11 30	11 30	11 30	1 »	1 »	1 »
1 30	1 30	1 30	2 »	2 »	2 »
2 30	2 30	2 30	3 »	3 »	3 »
3 30	3 30	3 30	4 »	4 »	4 »
4 30	4 30	4 30	5 »	5 »	5 »
5 30	5 30	5 30	6 »	6 »	6 »
6 30	6 30	(1) 6 30	7 »	7 »	(2) 7 »
7 30	7 30	7 30	8 »	8 »	8 »

PRIX : 1ʳᵉ classe (*Passerelle*), 50 c.; 2ᵉ, 25 c.;
3ᵉ, 15 c. Billet *aller et retour*, 3ᵉ cl., 25 c.

(1) A partir du 15 sept., le dernier dép. est à 5 h. 30
(2) A partir du 15 sept., le dernier dép. est à 6 h.

BATEAUX A VAPEUR

Entre DINARD, St-MALO et St-SERVAN

SERVICE RÉGULIER entre DINARD et SAINT-MALO

DÉPART DE DINARD			DÉPART DE SAINT-MALO		
Juillet	Août	Septembre	Juillet	Août	Septembre
6ʰ »	6ʰ »	6ʰ »	6ʰ 30	6ʰ 30	6ʰ 30
7 »	7 »	7 »	7 30	7 30	7 30
8 »	8 »	8 »	8 30	8 30	8 30
9 »	9 »	9 »	9 30	9 30	9 30
10 »	10 »	10 »	10 30	10 30	10 30
11 »	11 »	11 »	11 30	11 30	11 30
1 »	1 »	1 »	1 30	1 30	1 30
2 »	2 »	2 »	2 30	2 30	2 30
3 »	3 »	3 »	3 30	3 30	3 30
4 »	4 »	4 »	4 30	4 30	4 30
5 »	5 »	5 »	5 30	5 30	5 30
6 »	6 »	6 »	6 30	6 30	6 30
7 »	7 »	» »	7 30	7 30	» »
8 »	» »	» »	8 30	» »	» »

PRIX : 1ʳᵉ classe (*Passerelle*), 50 c.; 2ᵉ, 25 c., 3ᵉ, 15 c. Billet *aller et retour*, 3ᵉ cl., 25 c.

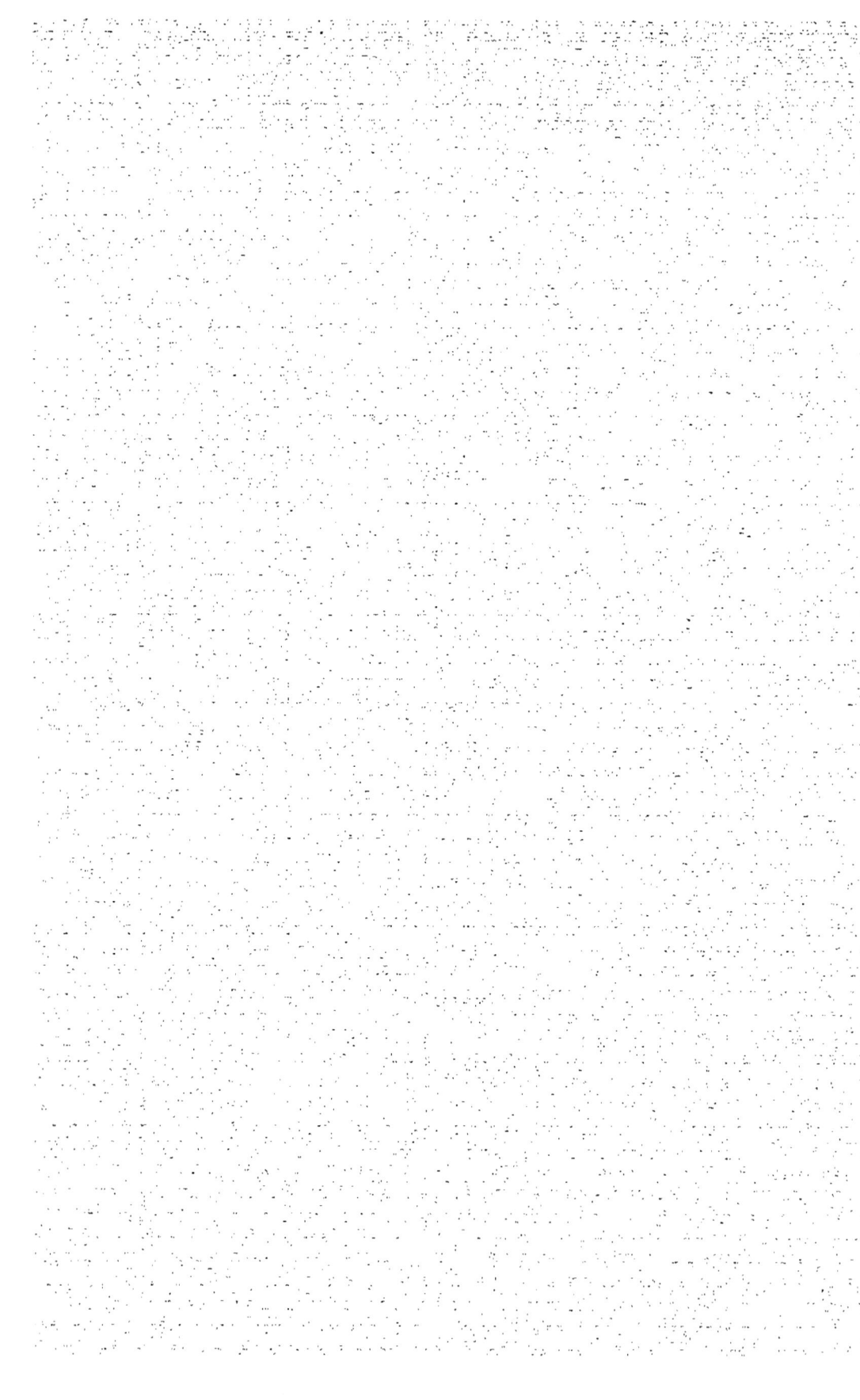

HEURES

DES

PLEINES & BASSES MERS

JUILLET 1881

DATES	JOURS DU MOIS	HAUTES MERS		HAUTEURS en décimètres	BASSES MERS	
		MATIN	SOIR		MATIN	SOIR
		h. m.	h. m.		h. m.	h. m.
1	Vendredi	8 46	9 03	104	3 20	3 38
2	Samedi	9 19	9 37	101	3 56	3 15
3	Dimanche	9 56	10 15	97	4 35	4 57
4	Lundi ☽	10 35	10 56	94	5 19	5 44
5	Mardi	11 19	11 43	92	6 11	6 40
6	Mercredi	12 00	12 12	91	7 11	7 44
7	Jeudi	12 46	1 23	93	8 18	8 52
8	Vendredi	2 03	2 43	96	9 27	9 58
9	Samedi	3 21	3 56	107	10 28	10 57
10	Dimanche	4 29	5 00	114	11 25	11 52
11	Lundi ●	5 27	5 53	120	12 18	12 43
12	Mardi	6 19	6 43	124	1 08	1 33
13	Mercredi	7 08	7 31	125	1 57	2 21
14	Jeudi	7 54	8 15	124	2 44	2 55
15	Vendredi	8 38	8 59	121	3 08	3 31
16	Samedi	9 21	9 43	115	3 55	4 19
17	Dimanche	10 04	10 26	108	4 43	5 08
18	Lundi ☾	10 48	11 11	101	5 34	6 02
19	Mardi	11 35	12 00	93	6 31	7 03
20	Mercredi	12 06	12 41	91	7 38	8 15
21	Jeudi	1 22	2 06	90	8 52	9 28
22	Vendredi	2 48	3 27	94	10 02	10 32
23	Samedi	4 01	4 30	99	11 00	11 24
24	Dimanche	4 57	5 19	104	11 46	12 07
25	Lundi	5 40	5 58	108	12 26	12 44
26	Mardi ●	6 16	6 33	111	1 01	1 18
27	Mercredi	6 49	7 06	112	1 34	1 50
28	Jeudi	7 20	7 35	113	2 05	2 21
29	Vendredi	7 50	8 05	112	2 37	2 53
30	Samedi	8 20	8 35	110	2 55	3 09
31	Dimanche	8 51	9 06	107	3 25	3 42

AOUT 1881

DATES	JOURS DU MOIS	HAUTES MERS		HAUTEURS en décimètres	BASSES MERS	
		MATIN	SOIR		MATIN	SOIR
		h. m.	h. m.		h. m.	h. m.
1	Lundi	9 23	9 41	103	4 00	4 19
2	Mardi	9 59	10 20	99	4 39	5 01
3	Mercredi ☽	10 42	11 05	94	4 39	5 01
4	Jeudi	11 32	12 00	94	5 26	5 53
5	Vendredi	12 04	12 43	91	6 25	7 00
6	Samedi	1 28	2 15	92	7 38	8 19
7	Dimanche	3 00	3 40	97	8 59	9 37
8	Lundi	4 15	4 47	106	10 12	10 44
9	Mardi ⊕	5 16	5 42	115	11 13	11 40
10	Mercredi	6 06	6 29	122	12 06	12 31
11	Jeudi	6 52	7 13	127	12 54	1 18
12	Vendredi	7 35	7 50	128	1 40	2 02
				127	2 24	2 45
13	Samedi	8 15	8 25	123	2 55	3 07
14	Dimanche	8 55	9 14	117	3 28	3 49
15	Lundi	9 34	9 55	110	4 11	4 33
16	Mardi ☽	10 16	10 39	100	4 57	5 22
17	Mercredi	11 03	11 29	92	5 50	6 21
18	Jeudi	12 00	12 03	87	6 58	7 38
19	Vendredi	12 45	1 32	85	8 22	9 04
20	Samedi	2 21	3 03	91	9 42	10 14
21	Dimanche	3 41	4 12	97	10 43	11 07
22	Lundi	4 37	4 59	103	11 28	11 47
23	Mardi	5 19	5 36	108	12 05	12 22
24	Mercredi ●	5 53	6 09	112	12 38	12 54
25	Jeudi	6 24	6 39	115	1 09	1 24
26	Vendredi	6 54	7 09	116	1 39	1 54
27	Samedi	7 21	7 37	116	2 08	2 24
28	Dimanche	7 52	8 07	114	2 39	2 55
29	Lundi	8 22	8 38	112	2 55	3 11
30	Mardi	8 54	9 11	108	3 29	3 48
31	Mercredi	9 30	9 51	103	4 07	4 29

SEPTEMBRE 1881

DATES	JOURS DU MOIS	HAUTES MERS MATIN	HAUTES MERS SOIR	HAUTEURS en décimètres	BASSES MERS MATIN	BASSES MERS SOIR
		h. m.	h. m.		h. m.	h. m.
1	Jeudi ☽	10 13	10 39	96	4 53	5 21
2	Vendredi	11 07	11 41	91	5 53	6 31
3	Samedi	12 00	12 22	91	7 15	8 00
4	Dimanche	1 11	2 01	97	8 45	9 26
5	Lundi	2 47	3 27	107	10 01	10 33
6	Mardi	4 01	4 32	116	11 01	11 27
7	Mercredi	5 00	5 24	124	11 51	12 14
8	Jeudi ⊕	5 48	6 10	128	12 36	12 57
9	Vendredi	6 31	6 51	129	1 18	1 39
10	Samedi	7 11	7 31	127	1 59	2 19
11	Dimanche	7 50	8 09	124	2 39	2 55
12	Lundi	8 27	8 46	118	2 59	3 18
13	Mardi	9 04	9 24	110	3 39	4 00
14	Mercredi	9 45	10 06	100	4 22	4 46
15	Jeudi ☾	10 31	10 58	91	5 12	5 42
16	Vendredi	11 28	12 00	86	6 18	7 00
17	Samedi	12 08	12 55	84	7 46	8 31
18	Dimanche	1 44	2 30	90	9 12	9 46
19	Lundi	3 07	3 39	96	10 15	10 39
20	Mardi	4 05	4 28	103	11 00	11 19
21	Mercredi	4 48	5 06	109	11 36	11 53
22	Jeudi	5 23	5 40	114	12 09	12 24
23	Vendredi ✴	5 55	6 10	117	12 39	12 54
24	Samedi	6 25	6 40	119	1 09	1 24
25	Dimanche	6 55	7 10	119	1 40	1 55
26	Lundi	7 25	7 40	118	2 11	2 28
27	Mardi	7 57	8 14	115	2 45	2 55
28	Mercredi	8 31	8 50	111	3 04	3 23
29	Jeudi	9 10	9 33	105	3 44	4 07
30	Vendredi ☽	9 57	10 34	98	4 33	5 03

TABLE

———

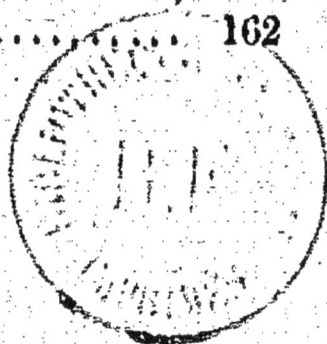

Typ. Oberthür, à Rennes.

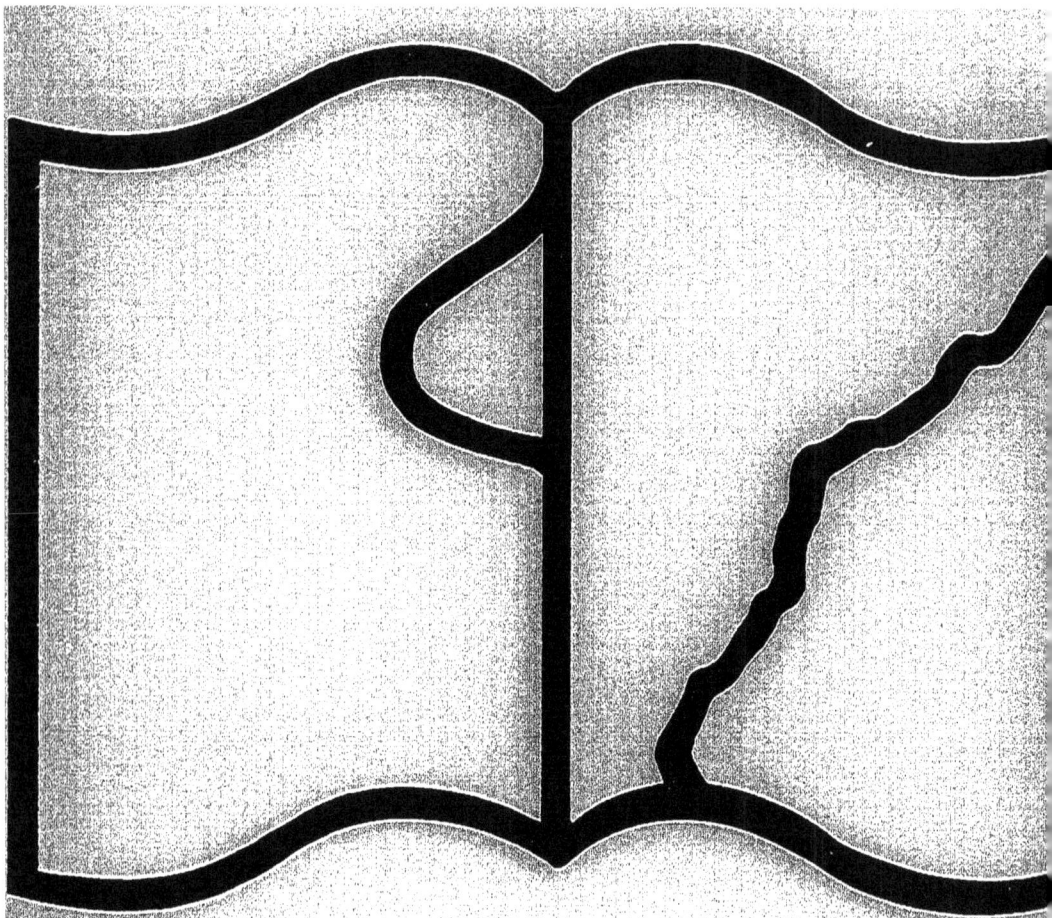

Texte détérioré — reliure défectueuse

NF Z 43-120-11

www.ingramcontent.com/pod-product-compliance
Lightning Source LLC
Chambersburg PA
CBHW070637100426
42744CB00006B/724

ÉDITION POUR 1881

DINARD

ET SES ENVIRONS

GUIDE DU CASINO

CURIOSITÉS, PROMENADES, EXCURSIONS

ET

TOUS LES RENSEIGNEMENTS

A L'USAGE DES

BAIGNEURS & DES TOURISTES

MIS EN ORDRE PAR

L. LAGNEAU

Directeur du Casino

PRIX : 1 FR. ; RELIÉ, 1 FR. 50

IMP. OBERTHUR, RENNES—PARIS

1881

4e ANNÉE